이 책의 구성 ························ 7

1 신기한 바닷가 생물 ... 9

가시복 10
가시복의 친구들 ············ 12
뿔복, 복섬, 흰점꺼끌복, 거북복

수중 생존 전략 ············ 14
수중배틀 01 VS 샌드타이거상어 ······ 16
수중배틀 02 VS 트루 카펫 아네모네 탄 ·· 18

별불가사리 20
별불가사리의 친구들 ······· 22
악마불가사리, 빨강불가사리, 보라성게, 참해삼

수중 생존 전략 ············ 24
수중배틀 03 VS 바위게 ············ 26

딱총새우 28
딱총새우의 친구들 ········· 30
큰사마귀새우, 닭새우, 갯강구, 거북손, 매끈이송편게, 바위게, 참집게

수중 생존 전략 ············ 34
수중배틀 04 VS 쏠배감펭 ············ 36

군소 38
군소의 친구들 ············ 40
큰구슬우렁이, 삿갓조개, 군부, 소라, 파랑갯민숭달팽이, 능선갯민숭달팽이, 청반점갯민숭달팽이

수중 생존 전략 ············ 44
수중배틀 05 VS 붕장어 ············ 46

2 희귀한 연안 생물 51

대왕곰치 52
대왕곰치의 친구들 ········· 54
- 스포티드 가든일, 리본장어, 돌기바다뱀

수중 생존 전략 ········· 56
수중배틀 06 VS 털갯지렁이 ········· 58

쑥치 60
쑥치의 친구들 ········· 62
- 쏠배감펭, 성대, 크로커다일 피쉬

수중 생존 전략 ········· 64
수중배틀 07 VS 끈띠 바다 독사 ········· 66

정어리 68
정어리의 친구들 ········· 70
- 멸치, 눈퉁멸, 청어

수중 생존 전략 ········· 72
수중배틀 08 VS 정어리고래 ········· 74

노랑가오리 76
노랑가오리의 친구들 ········· 78
- 톱가오리, 꽁지가오리, 전기가오리

수중배틀 09 VS 귀상어 ········· 80

흰동가리 82
흰동가리의 친구들 ········· 84
- 임페리얼엔젤, 가시나비고기, 블루탱

수중 생존 전략 ········· 86
수중배틀 10 VS 나폴레옹피쉬 ········· 88

대왕문어 90
대왕문어의 친구들 ········· 92
- 파란고리문어, 대보초 청자고둥, 가리비

수중 생존 전략 ········· 94
수중배틀 11 VS 늑대장어 ········· 96

아메리카투구게 98
수중 생존 전략 ········· 100
수중배틀 12 VS 비단수달 ········· 102

듀공 104
듀공의 친구들 ········· 106
- 서인도제도매너티, 큰돌고래, 흰돌고래

수중 생존 전략 ········· 108
수중배틀 13 VS 악마불가사리 ········· 110

3 공포의 난바다 생물 115

돛새치 116
돛새치의 친구들 ········ 118
│ 황새치, 참다랑어, 큰꼬치고기, 참고등어
수중 생존 전략 ········ 120
수중배틀 ⑭ VS 큰돌고래 ········ 122

날치 124
날치의 친구들 ········ 126
│ 동갈치, 학꽁치, 꽁치아재비
수중배틀 ⑮ VS 남방살오징어 ········ 128

백상아리 130
백상아리의 친구들 ········ 132
│ 고래상어, 돌묵상어, 샌드타이거상어
수중 생존 전략 ········ 134
수중배틀 ⑯ VS 참다랑어 ········ 136

대왕쥐가오리 138
수중 생존 전략 ········ 140
수중배틀 ⑰ VS 개복치 ········ 142

붉은바다거북 144
붉은바다거북의 친구들 ···· 146
│ 푸른바다거북, 매부리바다거북, 장수거북
수중 생존 전략 ········ 148
수중배틀 ⑱ VS 유령해파리 ········ 150

4 위험한 극지방 생물 155

레오파드바다표범 156
레오파드바다표범의 친구들 ······ 158
│ 바다코끼리, 두건바다표범, 남방코끼리물범
수중 생존 전략 ········ 160
수중배틀 ⑲ 남극크릴새우 ········ 162

북극곰 164
수중 생존 전략 ········ 166
수중배틀 ⑳ VS 일각돌고래 ········ 168

5 신비한 심해 생물 173

향유고래 174
향유고래의 친구들 ······ 176
민부리고래, 황제펭귄, 웨델바다표범

수중배틀 ㉑ VS 산갈치 ············ 178

바이퍼피쉬 180
바이퍼피쉬의 친구들 ····· 182
철갑둥어, 도끼고기, 쥐덫고기

수중배틀 ㉒ VS 실러캔스 ·········· 184

주름상어 186
주름상어의 친구들 ········ 188
그린란드상어, 마귀상어, 카이트핀상어

수중배틀 ㉓ VS 대왕모래무지벌레 ···· 190

대왕오징어 192
대왕오징어의 친구들 ····· 194
흡혈오징어, 긴팔오징어,
아메리카대왕오징어, 우무문어

수중배틀 ㉔ VS 그린란드상어 ······· 196

태즈매니아킹크랩 198
태즈매니아킹크랩의 친구들 ··· 200
대왕모래무지벌레, 예티크랩,
거미게, 왕게

수중배틀 ㉕ VS 귀신고기 ············ 202

6 오싹한 강·호수 생물 207

나테리피라냐 208
나테리피라냐의 친구들 ··· 210
골든도라도, 전기뱀장어, 피라루쿠,
실버아로와나

수중 생존 전략 ············· 212

수중배틀 ㉖ VS 아마존강돌고래 ···· 214

앨리게이터가아 216
앨리게이터가아의 친구들 ···· 218
철갑상어, 강꼬치고기, 주걱철갑상어,
아미아칼바

수중배틀 ㉗ VS 비버 ············· 220

큰입우럭 … 222

큰입우럭의 친구들 …… 224
파랑볼우럭, 작은입우럭, 메기, 가물치

수중 생존 전략 …… 226

수중배틀 28 VS 악어거북 …… 228

자치 … 230

자치의 친구들 …… 232
무지개송어, 곤들매기, 산천어

수중 생존 전략 …… 234

수중배틀 29 VS 갯가마우지 …… 236

미국가재 … 238

미국가재의 친구들 …… 240
동남참게, 징거미새우, 풍년새우

수중 생존 전략 …… 242

수중배틀 30 VS 물장군 …… 244

인도악어 … 246

인도악어의 친구들 …… 248
인도가비알, 그린아나콘다, 일본장수도롱뇽, 악어거북

수중 생존 전략 …… 250

수중배틀 31 VS 그물무늬비단뱀 …… 252

생물 상식

바닷가 생물 최강 랭킹 …… 48
공격 기술 ① …… 50
연안 생물 최강 랭킹 …… 112
공격 기술 ② …… 114
난바다 생물 최강 랭킹 …… 152
공격 기술 ③ …… 154
극지방 생물 최강 랭킹 …… 170
방어 기술 ① …… 172
심해 생물 최강 랭킹 …… 204
방어 기술 ② …… 206
강·호수 생물 최강 랭킹 …… 254

이 책의 구성

수중 생물 소개
무리를 대표하는 수중 생물을 등장시켜 싸움에서 이길 수 있는 특징을 소개한다.

① 수중 생물의 이름

② **레이더 차트:** 생물의 능력을 5가지로 구분해 나타낸다.

 파워 힘의 세기   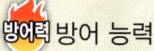 방어 능력

 다른 생물에게 미치는 위험도   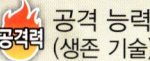 공격 능력 (생존 기술)

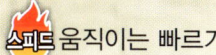 움직이는 빠르기

③ **무기:** 생물의 무기를 3가지로 나누어 설명한다.

 먹이를 잡을 때 사용하는 무기나 공격 방법

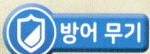 적으로부터 몸을 보호하는 무기나 숨는 방법

 먹잇감을 쫓거나 적으로부터 도망치는 방법

④ **특징:** 몸길이, 서식지 등 생태적인 특징과 다양한 정보를 소개한다.

⑤ **수중 생물 사진:** 수중 생물의 생생한 모습을 소개한다.

대표 선수의 친구들
대표 선수로 뽑힌 생물과 비슷한 종류의 생물들을 소개한다.

① 수중 생물의 이름

② **특징:** 몸길이, 서식지 등 생태적인 특징과 다양한 정보를 소개한다.

③ **레이더 차트:** 생물의 능력을 5가지로 구분해 나타낸다.

7

수중 생존 전략

자연에서 살아남기 위한 수중 생물들의 다양한 생존 전략을 소개한다.

①**공격과 방어:** 자연에서 벌어지는 싸움의 원인과 특징을 설명한다.

②**번식 방법:** 생물들의 짝짓기, 산란 방법 등을 설명한다.

③**사냥 방법:** 먹잇감을 사냥하는 방법을 설명한다.

④**기타:** 천적이나 공생 관계의 생물을 소개한다.

수중 배틀

현실에서는 볼 수 없는 수중 생물들의 대결을 생생한 일러스트로 소개한다.

①**배틀 생물:** 배틀에 출전한 생물을 사진과 함께 소개한다.

②**레이더 차트:** 배틀에 출전한 생물들의 능력을 나타낸다.

③**배틀 장면:** 배틀 장면을 4개의 장면으로 나누어 소개한다.

④**승자 발표:** 배틀에서 승리한 생물을 소개한다.

1

신기한 바닷가 생물

첫 번째로 소개할 생물들은 **바위가 많은 바닷가**에 살고 있는 생물들이다. 이곳은 바위가 많아 몸을 숨기기 쉽기 때문에 다양한 종류의 생물이 살고 있다. 바닷물이 빠지고 나면 신기한 생물들이 그 모습을 드러내기도 한다.

대표선수 01
날카로운 가시투성이
가시복

파워 / 방어력 / 위험도 / 공격력 / 스피드

◀◀◀ 스피드

가시복의 평소 모습

화가 나면 몸을 부풀려 가시를 뾰족하게 세우지만, 평소에는 가시를 몸 쪽에 붙이고 헤엄쳐 다닌다. 몸을 부풀리면 헤엄을 치지 못하지만 평소에는 빠르게 헤엄칠 수 있다.

가시복은 적에게 공격을 받거나 위험이 닥치면 물을 빨아들여 몸을 공처럼 부풀려 자신을 보호한다. 몸을 공처럼 부풀리면 평소에는 몸 쪽으로 누워 있던 뾰족한 가시들이 일어서 온몸이 가시투성이가 된다. 그러면 뾰족한 몸을 통째로 삼키거나 물어뜯을 수 없기 때문에 어떤 생물도 가시복을 함부로 공격할 수 없다. 단, 몸이 부풀어 있는 동안은 헤엄을 치지 못한다는 약점이 있다.

몸길이 40~50cm **서식지** 온대 및 열대 해역

적의 공격에 뾰족한 가시로 맞서다!

🛡 방어 무기

수백 개의 뾰족한 가시

커다랗게 부푼 몸을 보면 마치 가시가 천 개쯤 나 있는 것처럼 보이지만, 이 가시들을 실제로 세어 보면 300~400개 정도라고 한다. 가시복은 뾰족한 가시로 자신의 몸을 보호한다.

가시복의 친구들

가시복처럼 물이나 공기를 빨아들여 풍선처럼 몸을 부풀리는 생물들을 만나 보자. 이 생물들은 적의 입보다 몸을 크게 해서 잡아먹히지 않도록 방어한다.

뿔복

눈 위에 2개, 꼬리에 2개, 몸의 앞뒤에 각각 긴 뿔이 나 있다. 이 뿔들은 몸을 좀 더 길게 만들어 다른 물고기가 자신을 쉽게 삼키지 못하도록 하는 방어 무기로 사용된다.

- 몸길이: 30~40cm
- 서식지: 서태평양과 인도양의 따뜻한 바다

복섬

무리를 지어 헤엄쳐 다닌다. 피부나 내장에 '테트로도톡신'이라는 강력한 독을 지니고 있기 때문에 복 조리사 면허가 없는 사람이 조리를 위해 다루면 매우 위험하다.

- 몸길이: 15~25cm
- 서식지: 한국, 일본, 중국 등지

몸길이 40~50㎝

서식지 전 세계의 따뜻한 바다

흰점꺼끌복

아래위 턱에 이빨이 각각 2개씩 있는데, 이 이빨을 *펜치처럼 이용해 먹이를 뜯어먹는다. 놀라면 몸의 색깔을 바꾼 후 적을 위협한다.

*펜치: 손에 쥐고 철사를 끊거나 구부리거나 하는 데 쓰는 공구.

거북복

통통한 몸통이 전체적으로 네모난 모양을 하고 있다. 온몸을 덮고 있는 단단한 피부가 마치 상자처럼 몸을 보호해 준다. 피부에서 분비되는 '파후톡신'이란 독에 중독되면, 사람은 몸이 마비되거나 호흡 곤란을 일으킨다.

몸길이 15~25㎝

서식지 한국, 일본, 필리핀 등지

수중 생존 전략

복어 종류에 속하는 대부분의 물고기는 테트로도톡신이라는 매우 강력한 독을 지니고 있다. 하지만 이런 독에도 아랑곳하지 않고 공격해 오는 물고기들이 있다. 치열한 자연에서 살아남기 위한 생존 전략을 알아본다.

1 몸을 부풀려 크게 만든다!

통의바리

완벽한 방어 자세

통의바리가 다가오자 물을 빨아들여 몸을 크게 부풀린다. 이 정도 크기면 통의바리의 큰 입에도 쉽게 들어가지 않고 몸을 보호할 수 있다.

2 해안에서 알을 낳는다!

번식 방법

5~8월경, 수많은 암컷과 수컷이 바다와 육지가 맞닿는 부분인 해안으로 몰려든다. 그리고 암컷이 알을 낳으면 수컷들은 정자를 뿌려 *수정을 시킨다. 이렇게 자손을 퍼트려 자연에서 살아남는다.

*수정: 암수의 생식 세포가 서로 합쳐져 하나가 되는 현상.

산호 갉아 먹기

복어의 이빨은 아래위 턱 앞쪽에 각각 2개씩밖에 없다. 하지만 펜치처럼 단단하고 날카롭기 때문에 딱딱한 물체를 물어 자를 수 있다. 이런 이빨로 산호를 갉아 먹기도 한다.

3 단단한 이빨로 사냥한다!

산호

수중 배틀 02

말미잘 종류인 '트루 카펫 아네모네 탄' 역시 독성을 지닌 생물로, 이번 배틀은 강력한 독을 지닌 수중 생물들의 대결이다.

강력한 독 대결

홍 복섬 VS **트루 카펫 아네모네 탄 청**

➡12쪽

1

복섬이 잠자고 있는 트루 카펫 아네모네 탄을 쪼아 먹기 시작한다.

대표선수 02

강력한 독을 지닌 불가사리
별 불가사리

파워 / 스피드 / 방어력 / 공격력 / 위험도

꿈틀꿈틀 동물의 사체를 먹다!

입

강력한 사포닌

불가사리는 몸속에 사포닌이란 독을 지니고 있다. 사포닌은 사람의 몸에는 흡수되지 않지만, 동물에게는 해를 끼칠 수 있기 때문에 자신을 보호하는 방어 무기로 사용된다.

많은 관족

몸통을 뒤집어 보면 사방으로 뻗은 팔을 따라 관족이라고 부르는 짧은 다리들이 많이 달려 있다. 이 관족을 이용해 이동하거나 먹이를 잡아먹는다.

별불가사리는 짧은 관족을 이용해 천천히 돌아다니며 움직임이 굼뜬 조개와 죽은 동물 등을 먹는다. 팔과 팔 사이의 홈이 얕고 팔 끝부분에는 가느다란 실과 같은 것이 달려 있다. 팔의 개수는 보통은 5개지만, 드물게 6개나 4개인 것도 있다. 바위가 많은 바닷가에서 흔히 볼 수 있다.

몸길이 5~10㎝ **서식지** 한국, 일본 등지

별불가사리의 친구들

이번에 소개하는 생물들은 피부에 뼛조각이 들어 있어 몸의 표면을 보호한다. 대부분 물속에서 느릿느릿 움직이며 이동한다.

몸길이 25~35㎝

서식지 태평양에서 인도양의 따뜻한 바다

악마불가사리

몸 전체가 독가시로 덮여 있는 최강의 불가사리다. *성체가 되면 거의 무적이 되고, 개체가 대량으로 증가해 산호를 모조리 먹어 치우기도 한다.

*성체: 다 자라서 생식 능력이 있는 동물.

빨강불가사리

주로 조개를 잡아먹기 때문에 조개에게는 무서운 사냥꾼이다. 강력한 재생 능력을 지니고 있어 팔이 잘려도 몸통의 가운데 부분만 무사하면 팔이 다시 자라난다.

몸길이 8~10㎝

서식지 한국, 일본, 필리핀 등지

보라성게

몸길이 5~6㎝

서식지 한국, 일본, 중국 등지

물속 해조류를 먹기 때문에 다시마에게는 *천적이다. 날카로운 가시로 몸을 보호하기 때문에 무적처럼 보이지만, 족제빗과의 바다 동물인 해달은 가시를 대수롭지 않게 먹어 치운다.

*천적: 잡아먹는 동물을 잡아먹히는 동물에 상대하여 이르는 말.

참해삼

바다 밑바닥에 쌓여 있는 영양분을 먹으며 산다. 다른 생물에게 공격을 받으면 내장을 토해 내고, 적이 그것을 먹는 틈을 타서 도망쳐 버린다.

몸길이 20~30㎝

서식지 일본, 중국 등지

수중 생존 전략

바다 밑바닥에 사는 수중 생물들 중에는 거의 움직이지 않고 살아가는 생물들도 많다. 별불가사리는 그런 먹이를 노리지만 반대로 별불가사리를 노리는 동물들도 있다.

갈매기의 공격

서부갈매기가 다가와 불가사리를 한입에 먹어 치운다. 움직임이 느린 불가사리는 도망치지 못하고 꼼짝없이 당하고 만다. 갈매기는 입에 들어온 생물이라면 무엇이든 먹어 버리는 공포의 *포식자로 유명하다.

서부갈매기

1 재빠른 생물에게 잡아먹히다!

*포식자: 다른 동물을 먹이로 하는 동물.

② 거대한 생물에게 공격당하다!

왕갑오징어

오징어의 공격 | 푸른불가사리가 바위에 달라붙어 여유로운 시간을 보내다가 왕갑오징어의 표적이 되고 말았다

물고기 사냥 | 먹이를 씹을 수 있는 단단한 이빨이 없는 별불가사리는 입에서 위장을 토해 내 먹이를 감싼 뒤 소화시킨다.

물고기

위장

③ 위장을 토해 내 소화시킨다!

수중 배틀 03

별불가사리와 바위게의 대결이다. 움직임이 둔한 별불가사리가 재빠른 바위게의 속도를 이겨낼 수 있을지 지켜보자.

단단한 피부 대결

홍 별불가사리 VS **바위게 청**

➡20쪽 33쪽⬅

별불가사리가 바위게의 몸통을 덮치며 공격을 시작한다.

찰싹

①

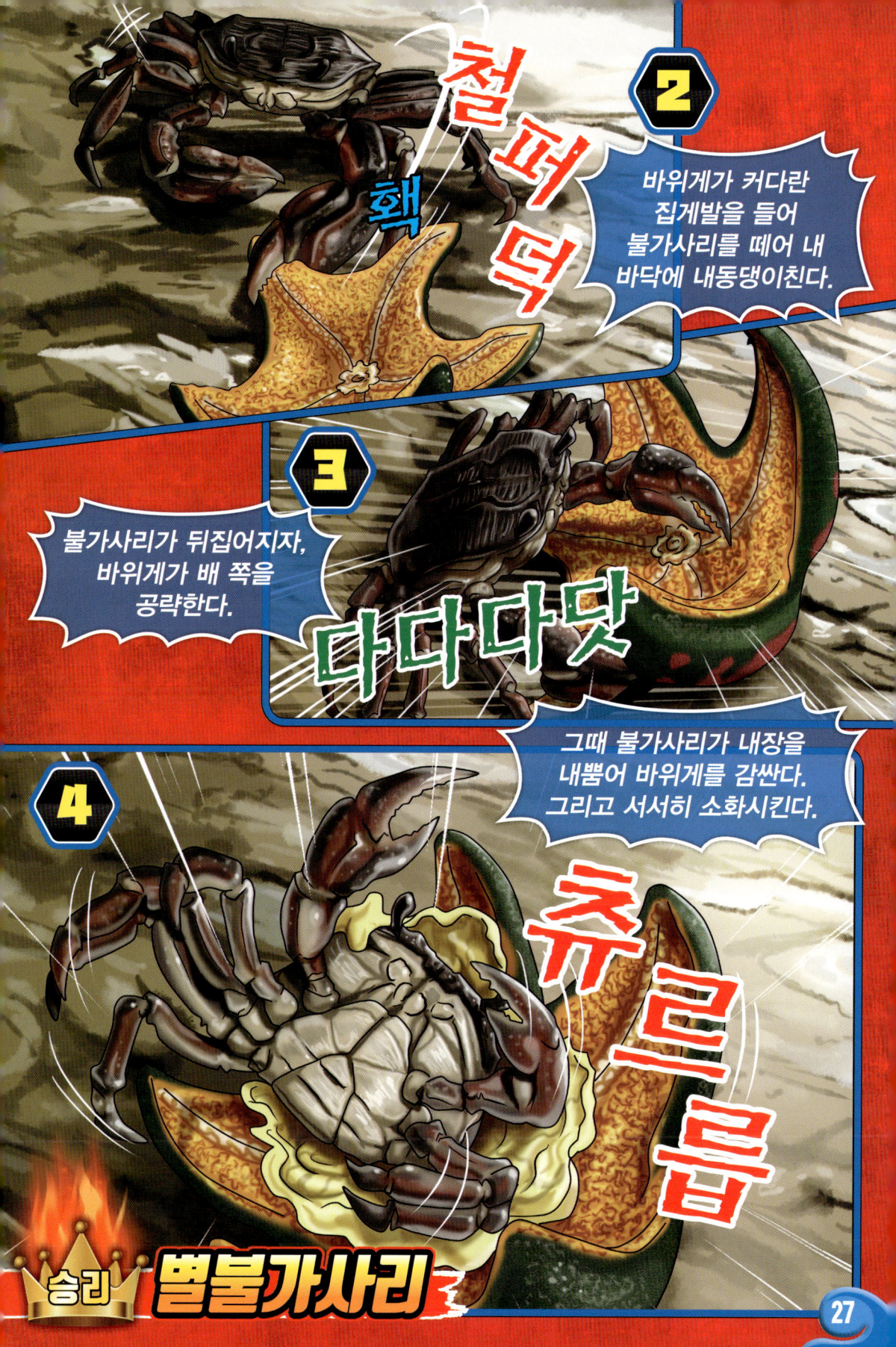

대표선수 03 — 커다란 집게발로 탕탕! 딱총새우

🛡 방어 무기

칼 모양의 이마뿔

이마에 있는 짧고 뾰족한 뿔은 정면에서 가해지는 공격을 방어하는 무기로 사용된다. 딱딱한 껍질에 몸이 싸여 있지만 꼬리 쪽 껍질은 단단하지 않다.

⚔ 공격 무기

크고 단단한 집게발

2개의 집게발 중 한쪽이 더 크고 발달해 있다. 집게발을 벌렸다가 힘껏 부딪쳐 큰 소리와 함께 물속에서 퍼져나가는 파동을 만들어 낼 수 있다.

바다 밑 진흙 속에 수십 ㎝의 굴을 파고 사는 딱총새우는 대부분 그 속에서만 지내기 때문에 적의 공격을 받을 위험이 적다. *플랑크톤이나 진흙 속의 영양분을 먹고 뱉어 낸 진흙을 굴 밖으로 운반하여 버린다. 집게발을 부딪쳐 내는 큰 소리는 적을 놀라게 할 뿐 아니라, 먹이를 마비시킬 수도 있다고 한다.

몸길이 5~7㎝   **서식지** 한국, 일본, 태평양, 인도양

방어 무기

망둥이와 *동고동락

눈이 나쁘기 때문에 눈이 좋은 망둥이와 함께 산다. 망둥이는 굴 입구에서 망을 보다가 위험이 닥치면 딱총새우와 함께 굴속으로 도망친다.

망둥이

*플랑크톤: 물속을 떠다니는 작은 생물을 통틀어 이르는 말.
*동고동락: 괴로움도 즐거움도 함께함.

딱총새우의 친구들

이번에 소개하는 생물들은 '갑각류'라고 불리는 생물들이다. 모두 몸의 표면이 단단한 껍질로 되어 있어 몸을 보호할 수 있다.

큰사마귀새우

앞다리를 빠르게 내리치면 조개껍데기나 게의 껍데기를 부술 정도로 강한 힘을 지녔다.

- 몸길이: 5~18cm
- 서식지: 태평양, 인도양

닭새우

몸 전체가 두꺼운 껍질로 덮여 있고, 무수히 많은 가시가 돋아 있는 새우다. 아주 길고 두꺼운 더듬이(촉각)로 적과 먹이의 움직임을 감지한다.

- 몸길이: 20~30cm
- 서식지: 한국, 일본, 중국 등지

- **몸길이**: 3~5㎝
- **서식지**: 태평양, 인도양

갯강구

배에 수분을 축적할 수 있고 아가미로 호흡하기 때문에 땅 위를 다닐 수 있다. 움직임이 매우 빠르며, 바닷가 바위틈에서 쉽게 볼 수 있다.

거북손

머리가 거북의 다리처럼 생겼다. 바닷가의 바위틈에 떼를 지어 살며, 조개껍데기 속에 들어가 바위틈에 달라붙어 살기 때문에 방어력이 뛰어나다.

- **몸길이**: 3~5㎝
- **서식지**: 한국, 일본 등지

딱총새우의 친구들

매끈이송편게

귀엽고 친근한 이름과는 달리 사람이 먹으면 몸이 마비되어 죽을 수 있는 매우 위험한 독을 지녔다. 등 껍데기는 만질만질해서 촉감이 매우 좋다.

몸길이 4~6cm **서식지** 인도양, 태평양

바위게

바닷가 웅덩이에서 볼 수 있는 대표적인 게이다. 움직임이 무척 빨라서 갯강구나 작은 물고기 등을 눈 깜짝할 사이에 잡을 수 있다.

- 몸길이: 3~4cm
- 서식지: 북태평양

참집게

죽어서 속이 비어 있는 *고둥의 껍데기에 들어가 자신의 몸을 보호하며 사는 영리한 생물이다. 눈과 발을 껍데기 밖으로 빼내 이동하는데, 적에게 공격을 당하면 껍데기 속에 몸을 감추고 꼼짝하지 않기 때문에 무적의 상태가 된다.

*고둥: 빙빙 비틀린 나선 모양의 껍데기를 가진 동물.

- 몸길이: 1cm
- 서식지: 한국, 일본, 타이완, 북아메리카 등지

수중 생존 전략

새우나 게 등의 갑각류는 칼슘으로 이루어진 단단한 껍데기로 몸을 감싸고 있기 때문에 방어력이 매우 뛰어나다. 이런 생물들이 생존을 위해 자연에서 어떤 활동을 하는지, 또는 적으로부터 어떤 공격을 받는지 살펴보자.

닭새우와 왜문어의 결투

단단한 갑옷으로 몸을 에워싼 닭새우지만 왜문어를 상대하기가 쉽지 않다. 문어는 긴 다리로 닭새우를 단단히 조이고 딱딱한 입으로 껍질을 부숴 버린다.

왜문어

1 적의 공격을 받다!

2 사냥에 성공하다!

새끼 대모거북

달랑게의 사냥
달랑게가 먹이를 발견하고 재빨리 공격하여 사냥에 성공한다. 먹이는 막 부화하여 바다로 나가려는 대모거북의 새끼였다.

청소새우의 사냥
매우 긴 세 번째 다리로 실고기를 잡은 뒤 첫 번째, 두 번째 다리를 이용해 입으로 가져간다. 다리를 공격 무기로 사용할 줄 아는 청소새우의 사냥 실력은 정말 대단하다.

실고기

3 무기를 사용하다!

수중 배틀 04

딱총새우를 상대로 쏠배감펭이 배틀에 출전한다. 쏠배감펭의 공격 무기는 무시무시한 독 가시이다.

총과 창의 대결

홍 딱총새우 VS 쏠배감펭 **청**

→28쪽   62쪽←

1

딱총새우가 쏠배감펭을 먼저 발견하고 위쪽에서 공격을 시작한다. 갑작스러운 공격에 놀란 쏠배감펭!

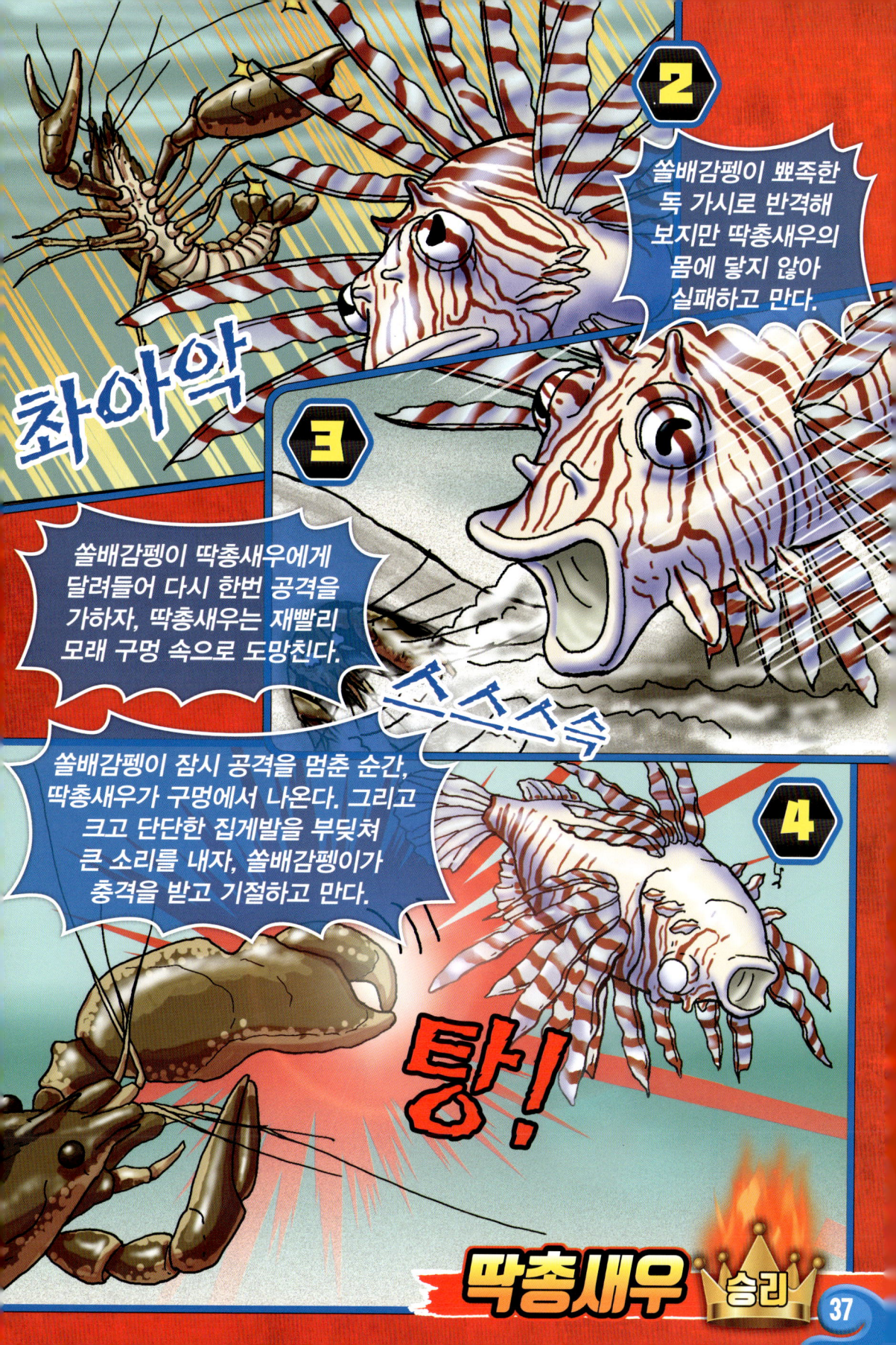

대표선수 04
독을 지닌 바다의 달팽이
군소

눈 - 눈

눈이 더듬이 아래쪽에 있다.

군소는 바다에 사는 연체동물이며, *패각을 몸 안에 숨기고 있는 고둥의 일종이다. 육지에 사는 껍데기가 없는 민달팽이와 비슷하게 생겨서 '바다의 달팽이'라고도 불린다. 얕은 바다의 바닥을 기어 다니며 해조를 먹지만 이따금 헤엄치기도 한다. 머리에 있는 2개의 더듬이로 냄새를 감지한다. 수컷과 암컷의 양쪽 기관을 모두 가지고 있는 것이 특징이다.

몸길이 10~30cm **서식지** 한국, 일본, 대만 등지

*패각: 단단한 겉껍데기.

방어 무기

단단한 패각

겉으로 볼 때는 패각이 *퇴화되어 있지만, 등 피부의 안쪽에는 판 모양의 패각이 남아 있어 만지면 거칠거칠하다.

*퇴화: 생물체의 기관이나 조직의 형태가 단순화되고 크기가 감소하는 변화.

방어 무기

몸속에 저장된 독

해조를 먹고 그 독을 몸에 저장하기 때문에 독을 지니고 있는 경우가 많다. 이 독은 적으로부터 몸을 보호해 주는 방어 무기로 사용된다

군소의 친구들

이 생물들이 지니고 있는 패각은 형태가 매우 다양하지만, 모두 칼슘으로 만들어졌으며 돌처럼 단단하다.

조개

큰구슬우렁이

조개를 잡아먹는 사냥꾼으로 유명하다. 산성을 띠는 액체를 분비해 먹이의 패각을 녹여 가느다란 이빨로 구멍을 낸 뒤 속을 파먹는다.

몸길이 4~6㎝   서식지 한국, 일본, 중국 등지

몸길이 5~8㎝   서식지 한국, 일본 등지

삿갓조개

우산 모양의 패각을 가진 고둥의 일종이다. 바위 밭을 기어 다니며 달라붙은 해조 등을 이빨로 베어 먹기 때문에 해조류에게는 무서운 적이다.

몸길이 5~8㎝

서식지 한국, 일본, 중국 등지

군부

둥근 타원형 몸에, 등 부분이 8개로 쪼개져 있다. 바닷가 물웅덩이의 바위에 찰싹 달라붙어 있는데, 사람의 손으로는 좀처럼 떼어내기가 힘들 정도로 힘이 세다.

소라

패각에 볼록한 여러 개의 돌기가 있는 독특한 모양을 하고 있다. 파도가 거센 곳에서는 이 돌기가 길어져 매우 무서운 모습으로 성장한다고 한다.

몸길이 8~15㎝

서식지 한국, 일본, 중국 등지

41

군소의 친구들

화려한 색의 몸에는 독을 지니고 있다.

더듬이(촉각)

파랑갯민숭달팽이

몸 앞쪽에는 소뿔 모양의 더듬이가 있고, 뒤쪽에는 항문을 에워싸듯 주홍색 아가미가 있다. 몸의 색이 화려하고 예쁘지만, 독을 품고 있는 달팽이다.

몸길이 3~4cm

서식지 한국, 일본 등지

몸길이 5~10cm

서식지 태평양, 인도양

능선갯민숭달팽이

몸의 색이 매우 화려한 대형 갯민숭달팽이다. 큰 입을 벌리고 멍게 등의 먹이를 통째로 삼키는 사나운 포식자이다.

몸길이 5~30mm   서식지 서태평양

아가미

청반점 갯민숭달팽이

오렌지색 더듬이와 아가미, 등의 검은 반점이 특징이다. 바다 밑을 천천히 돌아다니며 *해면을 뜯어 먹는 공포의 해면 사냥꾼으로 알려져 있다.

*해면: 해면동물. 박테리아나 작은 유기물을 걸러 먹는 원시적인 동물로, 스스로 움직이지 못하고 바위 같은 물체에 붙어서 산다.

수중 생존 전략

군소가 적으로부터 자신을 보호하는 방법이나 자손을 남기는 방법 등 자연에서 살아가는 생존 전략을 살펴보자.

몸을 보호하는 연막 작전

적에게 공격을 받으면 보라색 액체를 뿜어낸다. 이것이 *연막처럼 퍼져 모습을 감춰 준다. 게다가 이 액체는 맛이 고약하기 때문에 적들이 쉽게 접근하지 못한다.

위험을 느꼈을 때 뿜어내는 액체

1 액체를 뿜어 몸을 보호한다!

*연막: 적으로부터 우리 편 군대의 행동 등을 감추기 위하여 피워 놓는 짙은 연기.

2 알을 많이 낳는다!

알

끈 모양의 알 무더기 | 군소가 낳은 수백만 개의 알 무더기는 국수처럼 가늘고 길게 퍼져 있다.

날개 같은 지느러미 | 몸의 양쪽 겨드랑이에는 날개 같은 지느러미가 있다. 이 지느러미를 날개처럼 움직여 천천히 헤엄칠 수 있다.

지느러미

3 조금씩 진화되었다!

수중 배틀 05

군소는 움직임이 느리지만, 다양한 기술로 상대를 공격할 수 있다. 배틀이 시작되자 날카로운 엄니를 빛내며 붕장어가 나타난다.

독이 들어 있는 연기 속 대결

홍 군소 VS **붕장어 청**

➡38쪽

① 붕장어가 군소를 향해 거칠게 달려들더니 날카로운 이빨로 군소의 등을 문다.

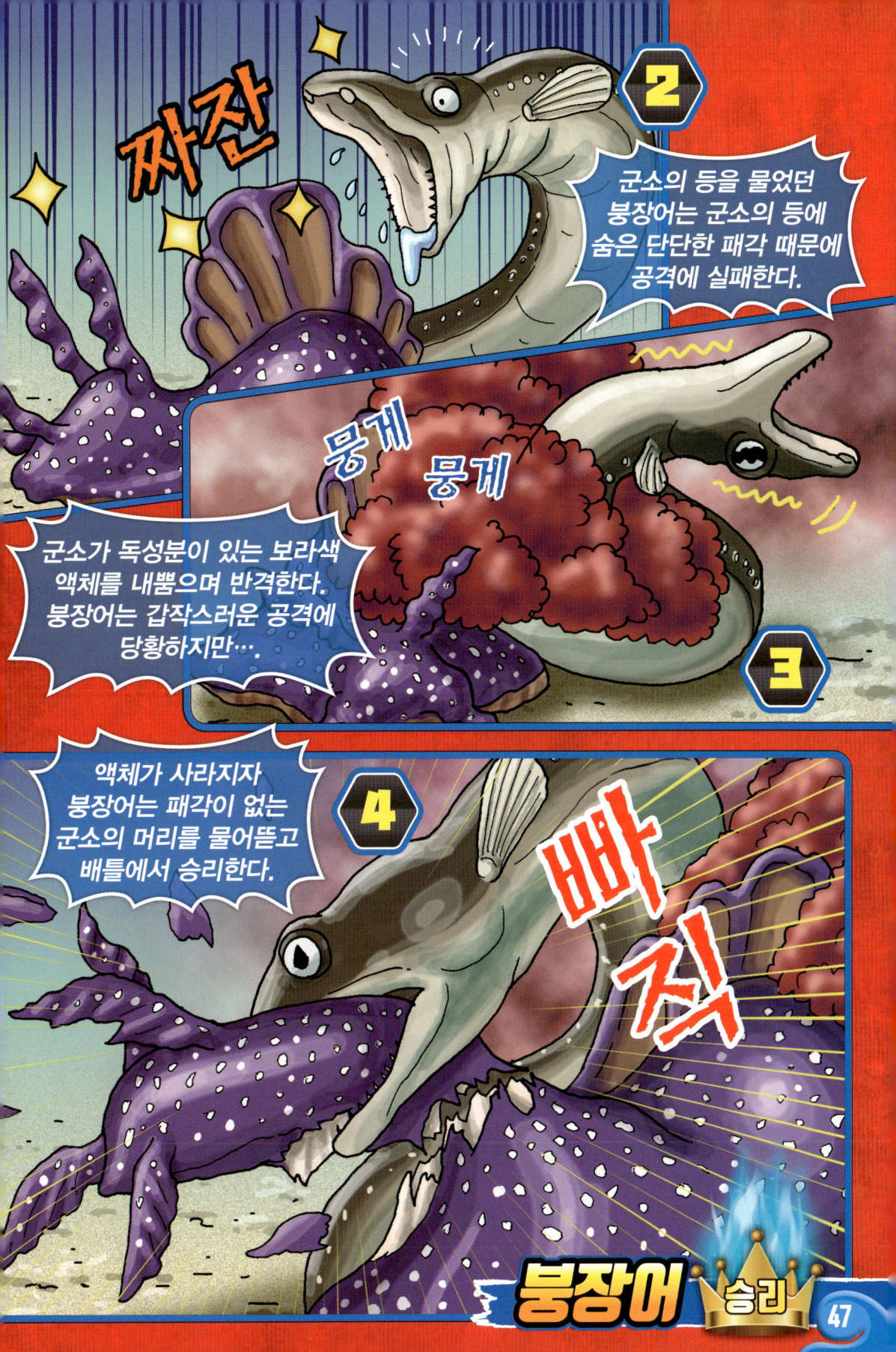

바닷가 생물 최강 랭킹

1위 악마불가사리

독이 있는 가시투성이의 몸은 방어력이 뛰어나다. 이들은 무리 지어 다니면서 산호를 모조리 먹어 치울 정도로 식욕이 왕성하다. 게다가 위장을 토해 내 몸 밖에서 소화시킨다.

바위가 많은 바닷가에는 대형 생물이 많지 않다. 이곳에서는 소형과 중형의 생물들이 바위에 몸을 숨긴 채, 자신들의 무기를 갈고닦으며 생존을 위한 싸움을 하며 살아간다. 1장에 등장한 생물들 가운데 강력한 생물을 1위부터 3위까지 소개한다.

2위 큰사마귀새우

앞다리가 권투 글러브처럼 불룩하게 생겼다. 앞다리로 힘껏 내리치면 단단한 조개껍데기나 게의 껍데기도 부술 수 있다. 앞다리의 위력은 소형 권총의 총알에 비교할 만하다.

3위 가시복

수많은 가시로 무장한 몸을 부풀리면 적이 쉽게 공격해 오지 못한다. 가시를 접으면 활발히 움직일 수 있고, 단단한 입은 뛰어난 공격 무기다.

재미있는 생물 상식

바위게

몸속에 바닷물을 머금고 땅 위를 달리는 재빠른 사냥꾼이다. 바닷물이 빠져나간 후 물이 고인 물웅덩이에서 흔히 볼 수 있지만, 사람이 다가가면 재빨리 바위틈으로 숨는다.

공격 기술 1
물어뜯기

손과 발이 없는 대부분의 수중 생물에게 가장 강력한 공격 방법은 물어뜯기다. 특히 턱을 가진 생물은 강한 턱을 이용해 먹이를 물어 씹어 먹는다.

백상아리

물고기 중에 무는 힘이 가장 세다. 삼각형 모양의 날카로운 이빨은 계속해서 새로 나기 때문에 부러져도 상관하지 않고 물어뜯는다.

인도악어

백상아리와 비슷한 정도이거나, 그 이상으로 무는 힘이 강하다. 짧고 뾰족한 이빨은 마치 못과도 같다. 먹이를 한 번 물면 절대로 놓지 않는다.

악어거북

입속에 이빨은 1개도 없지만 입술이 니퍼(펜치)와 같이 매우 날카롭다. 칼 같은 입술과 강한 턱의 힘으로 무엇이든 물면 한 번에 으깨 버릴 수 있다.

2 희귀한 연안 생물

연안이란 육지를 따라 펼쳐지는 바닥이 얕은 바다를 말한다.
얕은 바다는 태양 빛이 바다 바닥까지 닿기 때문에
광합성을 하는 해조류나 플랑크톤이 풍부해서
물고기나 갑각류가 많이 살기도 한다.

대표선수 05 — 곰치들의 왕 **대왕곰치**

파워 / 스피드 / 방어력 / 공격력 / 위험도

 방어 무기

독을 품은 몸
몸속에 '시구아톡신'이라는 독성분이 있어서 사람이 먹으면 목숨을 잃을 수도 있다.

곰치 종류 가운데 가장 몸이 크고 튼튼하다. *피부 호흡이 가능하기 때문에 바다 주변의 바위를 기어다니기도 한다. 이빨이 매우 단단해 딱딱한 먹이도 쉽게 잡아먹지만, 살이 부드러운 문어를 가장 좋아한다. 문어는 온몸이 근육으로 되어 있어 힘이 세지만, 대왕곰치를 당해 내지는 못한다. 대왕곰치는 적이 다가오면 큰 입을 벌려 위협한다.

몸길이 1.5~3m   **서식지** 태평양, 인도양

*피부 호흡: 동물이 피부를 통해 호흡하는 것.

공격 무기

예리한 후각

몸 밖으로 튀어나와 있는 콧구멍이 냄새를 감지하는 센서(감지기) 역할을 하기 때문에 적의 등장을 빨리 알아채고 공격할 수 있다.

무적 부숴 주마! 이빨로 무엇이든

공격 무기

커다란 입

날카롭고 단단한 이빨이 나 있고, 무는 힘이 세기 때문에 새우나 성게 등 딱딱한 먹이도 잘게 씹어 먹을 수 있다.

대왕곰치의 친구들

몸이 가늘고 긴 곰치나 붕장어는 장어의 일종이다. 알을 막 깨고 나왔을 때의 모습은 모두 반투명한 색깔에 잎사귀 모양을 하고 있다.

일본에서는 '제패니즈 친'이라는 개와 닮은 생물로 알려져 있다.

스포티드 가든일

모래 바닥에 구멍을 파고 들어가 상체만 내밀고 바닷속을 떠다니는 플랑크톤을 먹는다.

몸길이 30~40㎝

서식지 서태평양, 인도양

꽃잎처럼 생긴 코끝으로 냄새를 잘 맡는다.

- 몸길이: 1~1.2m
- 서식지: 서태평양, 인도양

리본장어

코끝이 꽃잎처럼 생기고, 아래턱 끝에는 수염 같은 돌기가 있다. 유어(어린 물고기)는 몸이 검은색이지만, 성장하면 수컷은 파란색, 암컷은 노란색을 띤다.

돌기바다뱀

이름은 '뱀'이지만, 육지에 사는 뱀이 아닌 장어 종류의 수중 생물이다. 참고로 독을 지닌 사나운 뱀인 코브라 중에도 바다뱀이라는 이름의 코브라가 있다.

- 몸길이: 50~100cm
- 서식지: 서태평양, 인도양

수중 생존 전략

대왕곰치는 바다의 난폭한 사냥꾼이라고도 불리는 힘센 물고기다. 큰 입과 날카로운 이빨이 무기인데, 주로 *매복 유형의 사냥을 한다.

*매복: 상대편의 동태를 살피거나 불시에 공격하려고 일정한 곳에 몰래 숨어 있음.

곰치의 번식 방법

알을 낳을 시기가 다가오면 수컷과 암컷은 한 달 정도 함께 지낸다. 알을 낳은 후 한 달이 지나면 '렙토세팔루스'라는 꽃잎 모양의 유어가 알을 깨고 태어난다.

1 암수 커플이 함께 생활한다!

수중 배틀 06

몸길이가 3m나 되는 털갯지렁이와 곰치들의 왕으로 꼽히는 대왕곰치의 대결! 과연 누가 이길 것인가?

기다란 몸통 대결

홍 대왕곰치 VS **털갯지렁이 청**

→52쪽

1

꾸물 꾸물

스르르~

대왕곰치가 털갯지렁이를 향해 살며시 다가간다.

대표선수 06 — 독 물고기계 최강자
쑥치

 **방어 무기**

등지느러미의 **독 가시**

적에게 발견되거나 공격을 받으면 등지느러미에서 가시가 솟아 맹독을 뿜어 방어한다.

강력한 독으로 모두를 쓰러뜨리다!

공격 무기

위를 향해 있는 눈과 입

바다 밑바닥에 숨어서 위에서 지나가는 먹이를 포착해 잡아먹기 때문에 눈과 입이 모두 위로 향해 있다.

공격 무기

뛰어난 위장 능력

온몸이 올록볼록해서 바위와 구분하기 쉽지 않다. 바위로 위장해 먹이를 기다리고 있다가 무심코 다가온 물고기를 덮친다.

산호초(암초)가 있는 바다 밑에서 살며 거의 헤엄치지 않는다. 사람을 공격하는 일이 없지만, 잠수를 하던 사람이 모르고 밟을 경우에는 독 가시가 부츠를 뚫고 들어와 발이 찔려 목숨을 잃기도 한다. 물고기 중에서도 최고 등급의 강력한 독을 지닌 위험한 생물이므로 절대로 만지면 안 된다.

몸길이 30~40cm **서식지** 서태평양, 인도양

쑥치의 친구들

쑥치를 포함한 쏨뱅이 종류는 얕은 바다 밑바닥에서 산다. 가슴지느러미가 크게 발달하여 모래 바닥을 기어 다니는 경우도 있다.

쏠배감펭

큰 지느러미를 펄럭이며 헤엄치는 모습은 아름답지만, 등지느러미와 배지느러미에 독 가시가 있다. 사람이 가까이 가면 가시를 세우고 다가오기도 하므로 조심해야 한다.

몸길이 20~25㎝

서식지 서태평양, 인도양

성대

붉은색 몸통에 파란색 가슴지느러미를 펼치면 매우 화려하다. 가슴지느러미에 있는 가시를 이용해 바닥을 걸어 다니며 새우나 게를 찾아 잡아먹는다.

- 몸길이: 40~50㎝
- 서식지: 서태평양

크로커다일 피쉬

길고 납작한 머리는 악어처럼 생겼다. 수중 식물의 뿌리나 산호초에 숨어 물고기나 새우를 기다렸다가 잡아먹는다.

- 몸길이: 40~50㎝
- 서식지: 서태평양

수중 생존 전략

쑥치는 돌아다니지 않고 한자리에 몰래 숨어서 먹이를 기다린다. 이렇게 많이 움직이지 않고 돌처럼 가만히 있는 특징 때문에 영어로는 '스톤 피쉬(stone fish)'라고 불린다.

1 먹이를 흡입해 잡아먹는다!

강력한 흡입력

바다 밑바닥에 찰싹 달라붙어 있으면서 큰 입과 눈동자는 위를 향하고 있다. 먹이가 눈앞을 지나가면 입을 쭉 내밀어 바닷물과 함께 빨아들인다.

바다에 놀러 온 사람들이나 잠수부들이 무심결에 손으로 짚거나 발로 밟아 독성분 때문에 위험한 일을 당하기도 한다.

바위로 위장

거의 헤엄을 치지 않고 바닥에 가만히 있는다. 몸 색깔은 살고 있는 장소에 따라 빨간색, 갈색, 회색 등으로 변하고 몸의 표면에 해조류가 달라붙어 있어 바위와 구분하기가 어렵다.

2 몸 색깔을 바꾸며 위장한다!

수중 배틀 07

어류 최강의 독을 지닌 쑥치의 배틀 상대는 바다뱀 '끈띠 바다 독사'이다. 강력한 독을 지닌 생물들의 치열한 배틀이 펼쳐진다.

강력한 독 대결

홍 끈띠 바다 독사 VS **쑥치 청**

60쪽 ←

1 끈띠 바다 독사가 바위로 위장한 쑥치를 알아보지 못하고 툭 치고 간다.

툭

대표선수 07 — 용감한 작은 물고기 무리 **정어리**

파워 / 스피드 / 방어력 / 공격력 / 위험도

방어 무기

여러 색의 몸

등은 짙은 파란색이고, 배는 흰색이다. 새가 위에서 보면 바다와 같은 색으로 보이고, 다른 물고기가 밑에서 보면 하늘과 같은 색으로 보이기 때문에 다른 생물들이 발견하기 어렵다.

정어리는 넓은 바다를 헤엄쳐 다니는 작은 물고기다. 한 마리 한 마리는 작고 약하기 때문에 무리를 지어 다닌다. 막 태어난 새끼 물고기는 동물성 플랑크톤을 먹지만 성어(다 자란 물고기)가 되면서 식물성 플랑크톤만 먹는다. 성어는 입을 벌리고 헤엄치면서 바닷물과 함께 삼킨 식물성 플랑크톤을 아가미로 걸러서 먹는다.

몸길이 15~25cm   **서식지** 한국, 일본 등지

스피드

뛰어난 장거리 수영 실력

큰 무리를 지어 하루에 평균 26㎞나 되는 거리를 헤엄쳐 다닌다. 이 거리는 작은 물고기에게는 꽤 먼 거리이다.

정어리
몸의 옆면에 검은 반점이 일렬로 늘어서 있다.

눈퉁멸
눈이 커서 눈물을 글썽이는 것처럼 보인다.

멸치
아래턱이 작아 위쪽 입만 있는 것처럼 보인다

정어리의 친구들

정어리는 청어 종류에 속하는 바닷물고기다. 청어 종류의 물고기들은 몸집이 작은 편이지만, 전 세계 어획량 중 20%를 차지할 정도로 매우 많다.

멸치

등은 검푸르고 배는 은빛을 띠는 흰색이다. 긴 원통 모양의 몸통에는 둥글둥글한 비늘이 있다. 사람들이 음식으로 먹는 멸치는 주로 새끼 멸치이다.

- **몸길이** 14~16cm
- **서식지** 한국, 일본, 중국 등지

몸길이 30~40cm

서식지 온대 및 열대의 얕은 바다

눈퉁멸

정어리와 멸치보다 크고, 지역에 따라 '눈치'라고도 불린다. 눈이 커서 눈물을 글썽이는 것처럼 보인다.

청어

바다의 넓은 범위를 헤엄쳐 다니지만, 알을 낳을 시기가 되면 태어난 장소로 돌아가 해조류에 알을 낳는다.

몸길이 30~35cm

서식지 북태평양

수중 생존 전략

덩치가 큰 *포식자에게 정어리들은 수많은 먹이에 지나지 않는다. 하지만 알을 많이 낳기 때문에 포식자에게 많이 잡아먹혀도 개체 수가 줄어들지 않는다.

진화를 거듭하는 몸

정어리들이 무리를 지어 헤엄치는 것을 보면 마치 커다란 한 마리가 헤엄치는 것처럼 매우 자연스럽게 헤엄친다. 이것은 몸의 측면에 물의 흐름을 느끼는 센서(감지기)인 측선 기관이 있어 서로의 거리를 유지할 수 있기 때문이다.

① 무리 지어 헤엄친다!

*포식자: 다른 동물을 먹이로 하는 동물.

2 돌고래가 공격해 오다!

도망치는 정어리들 | 큰 무리를 지어 다니는 정어리들은 돌고래에게 좋은 먹잇감이다. 돌고래는 정어리 무리를 향해 돌진한 다음 정어리들이 뿔뿔이 흩어져 도망칠 때 잡아먹는다.

수중 배틀 08

이번 배틀은 정어리와 정어리고래의 대결이다. 몸길이가 무려 100배나 차이 나는 기막힌 대결이 될 것이다.

경량급과 중량급의 대결

홍 정어리 VS **정어리고래 청**

➡ 68쪽

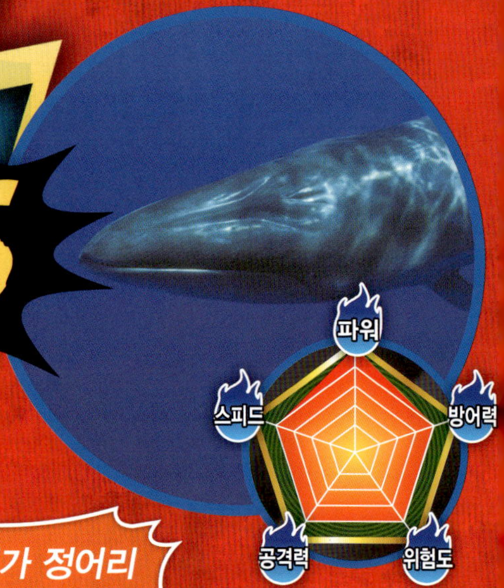

① 덥석

정어리고래가 정어리 무리를 덮친다.

대표선수 08

독 가시를 가진 공포의 가오리
노랑가오리

배 쪽에 입과 *아가미구멍이 있다.

파워 / 스피드 / 방어력 / 공격력 / 위험도

🛡 방어 무기

모래 속에 몸 숨기기

모래 바닥에 몰래 숨어 눈만
내밀고 있을 때는 그 모습을
알아보기가 쉽지 않다.

*아가미구멍: 숨 쉴 때 물을 내보내는 구멍.

독 가시를 가진 위험한 가오리다. 두 개의 눈은 등 쪽에 있고, 입은 배 쪽에 있다. 물결치듯 헤엄치고 다니면서 모래 바닥에 숨어 있는 조개나 새우, 물고기 등을 잡아먹는다. 몸집이 큰 노랑가오리의 경우 독 가시도 굵기 때문에 장화를 신고 있어도 고무를 뚫고 들어와 찔릴 수 있다.

몸길이 80~100㎝　**서식지** 서태평양

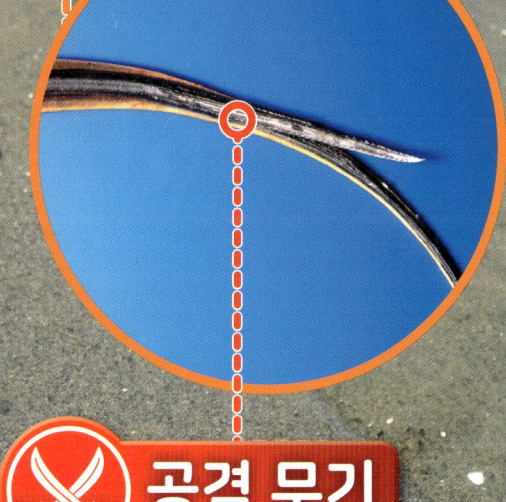

⚔ 공격 무기

공포의 독 가시

긴 꼬리에 까끌까끌한 굵은 가시가 1~3개 정도 있는데, 이 가시에 찔리면 몸속에 독이 퍼진다. 사람이 찔릴 경우, 심한 통증과 함께 피부가 보라색으로 변하면서 부어오르고, 호흡 곤란으로 목숨을 잃을 수도 있다. 모래사장에서 가장 위험한 생물이라고 할 수 있다.

독 꼬리를 이용해 적을 쓰러뜨려라!

노랑가오리의 친구들

가오리는 상어와 마찬가지로 몸의 뼈가 유연한 연골어류이다. 대부분 비늘이 없고 피부가 꺼슬꺼슬하다.

톱가오리

길게 튀어나온 머리끝에는 이빨처럼 생긴 뾰족뾰족한 가시가 나 있다. 이 가시를 이용해 모래 바닥을 휘저으며 먹이를 찾는다. 다른 가오리와 마찬가지로 배 쪽에 입이 있다.

몸길이 5~6m

서식지 열대 및 아열대 해역

몸길이 30~50cm

서식지 서태평양, 인도양

꽁지가오리

선명하고 파란 물방울무늬가 아름다운 가오리다. 다른 가오리들처럼 모래 속에 숨지 않고, 바다 밑의 새우나 물고기를 먹는다. 꼬리 앞쪽에 독 가시가 있다.

전기가오리

가슴지느러미 안쪽에 전기를 내는 발전 기관이 있다. 모래 바닥에 숨어 있다가 새우나 작은 물고기를 전기로 마비시켜 잡아먹는다.

몸길이 30~40cm

서식지 한국, 일본, 중국 등지

수중 배틀 09

사나운 사냥꾼 귀상어가 모래 속에 숨어 있는 노랑가오리를 발견했다. 노랑가오리의 운명은?

연골어류의 대결

홍 노랑가오리 VS 귀상어 **청**

➡76쪽

귀상어가 모래 바닥에 숨어 얼굴을 살짝 내밀고 있는 노랑가오리를 향해 달려든다.

앗!

공격 무기

공격적인 성격

다른 물고기의 공격을 받거나 사냥을 할 때 몸통 박치기를 해서 적을 쫓아 버린다.

방어 무기

화려한 무늬

바다에는 여러 종류의 흰동가리가 살고 있지만, 모두 화려한 모양을 하고 있기 때문에 서로가 같은 종의 물고기라는 것을 구별할 수 있다고 한다.

산호초에서 말미잘을 집으로 삼고 살며, 한 번 말미잘에 정착하면 그곳에서 떠나지 않는다. 말미잘 속에 숨어 살면서 말미잘이 남긴 음식이나 말미잘의 촉수 등을 먹는다. 오렌지색 몸에 흰색 줄이 3개 정도인데, 오렌지색 부분이 검은색인 흰동가리도 있다.

몸길이 8~12cm **서식지** 태평양, 인도양

흰동가리의 친구들

산호초 주변에는 화려한 모습의 물고기들이 살고 있다. 이 물고기들은 자신과 비슷한 무늬로 같은 종류의 물고기를 구별하고, 수컷이나 암컷도 쉽게 발견한다고 한다.

어린 물고기일 때는 몸통에 회오리 무늬가 있다.

임페리얼엔젤

몸통은 노란색이며 파란색 등의 선명한 색을 띠는 줄무늬가 여러 개 있다. 어린 물고기일 때는 성어의 영역에 들어가도 공격을 받지 않지만, 모두 자라면 다른 물고기의 공격을 받게 된다.

- **몸길이** 30~40cm
- **서식지** 태평양, 인도양

몸길이 18~23㎝

서식지 태평양, 인도양

가시나비고기

입이 매우 작고 튀어나와 있다. 입속에 있는 가는 이빨로 산호나 해조를 쪼아 먹는다. 등지느러미가 늘어나 날카로운 가시가 되었는데, 수컷은 이것을 이용해 싸우기도 한다.

블루탱

블루탱은 꼬리지느러미 앞쪽에 가시가 있는데, 적이 나타나면 상대에게 몸을 비벼 이 가시로 공격한다. 몸에는 '시가톡신'이라는 강력한 독이 있어서 사람이 먹으면 죽을 수도 있다.

몸길이 20~30㎝

서식지 태평양, 인도양

수중 생존 전략

흰동가리와 말미잘은 서로 도우면서 살아가는 공생 관계이다. 말미잘 하나에 여러 마리의 흰동가리가 함께 살기도 한다.

공생 관계

흰동가리는 독을 지닌 말미잘 속에 몸을 숨겨 큰 물고기로부터 스스로를 보호한다. 흰동가리도 말미잘을 먹는 물고기를 쫓아내거나 말미잘 촉수 사이의 오물을 제거해 준다.

1 말미잘을 이용해 몸을 보호한다!

알을 지키는 방법 | 지름 2~3㎜의 알을 산호 옆 바위 위에 낳는다. 어미는 지느러미를 이용해 알에 신선한 물을 공급하거나 적이 다가오면 쫓아버리는 등 부지런히 알을 보살핀다.

2 알을 지킨다!

알에서 깨어날 시기가 다가온 알의 모습. 알 속의 *치어들 모습이 잘 보인다.

알

*치어: 알에서 깬 지 얼마 안 되는 어린 물고기.

87

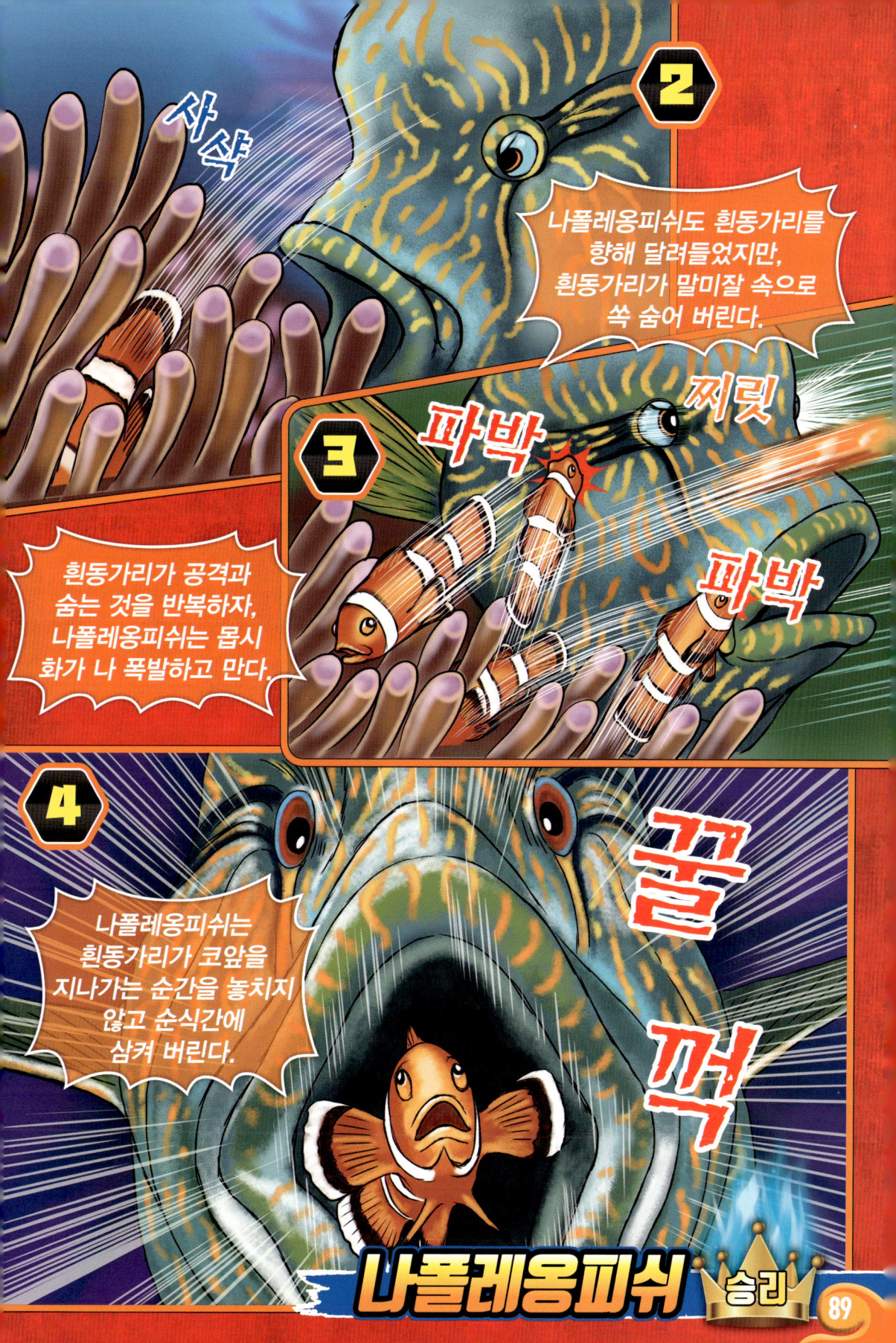

대표선수 10

강력한 파워와 거대한 몸집
대왕문어

 **방어 무기**

먹물 연막작전

대왕문어의 먹물은 오징어의 먹물에 비해 끈기가 적어 연기처럼 주변으로 쉽게 퍼져나간다. 이것으로 적의 눈을 속이고 몸을 숨길 수 있다.

자이언트문어라고도 불리는 이 거대한 문어는 힘도 매우 세다. 8개의 다리는 매우 튼튼하고, 길이가 무려 2m를 넘기 때문에 커다란 물고기도 휘감아 먹을 수 있다. 보통 음식으로 쓰이는 문어보다 차가운 바다에서 살며, 몸길이가 5배 정도 길다. 얕은 바다 바닥을 돌아다니며 물고기를 먹고, 전복, 가리비, 무당게 등 딱딱한 껍데기를 가진 생물도 먹는다.

몸길이 3~4m   **서식지** 북태평양

공격 무기

딱딱한 입

문어의 입에는 단단하고 날카로운 '악판'이 있어서 먹이를 물어뜯어 먹을 수 있다.

적의 숨통을 강력한 힘으로 끊는다!

공격 무기

강력한 빨판

문어의 빨판은 흡착고무빨판과 동일한 구조로 꽉 누르면 달라붙는다. 빨판의 표면에 상처가 나면 잘 달라붙지 않으므로 *탈피를 하여 새로운 빨판으로 자주 갈아 준다.

*탈피: 허물이나 껍질을 벗음.

대왕문어의 친구들

문어나 오징어는 껍데기를 잃은 조개의 일종이다. 동작이 느리지만, 이들 중에는 독을 지닌 것도 있다.

파란고리문어

파란색 무늬가 있는 작은 문어이다. 복어와 같은 종류의 독을 지니고 있어 물리면 사람도 목숨을 잃을 수 있다.

몸길이 10~12cm

서식지 태평양, 인도양

몸길이 10~12㎝   서식지 서태평양, 인도양

대보초 청자고둥

입속에 있는 바늘 모양의 기관인 치설로 물고기를 쏘아 독을 주입해 마비시킨 뒤 잡아먹는다. 이 고둥에 쏘여 사람이 목숨을 잃는 사고가 발생하기도 한다.

가리비

껍데기를 열었다 닫았다 하며 바닷물을 뱉으면서 헤엄친다. 불가사리에게 공격을 받으면 바닷물을 뿜고 돌아서서 도망친다.

몸길이 18~20㎝

서식지 전 세계

수중 생존 전략

대왕문어의 수명은 약 3년이다. 성장이 빠른 편이고, 몸길이가 3m 정도나 되는 거대한 수중 생물이지만, 자손을 남긴 후에는 생을 마감한다.

곱상어 사냥

굵고 긴 다리와 강력한 빨판으로 상어를 단단히 조일 수 있다. 8개나 되는 문어의 다리 중심에는 앵무새의 부리와 같은 악판이 있어 큰 상어도 뜯어 먹을 수 있다.

곱상어

① 먹이를 덮쳐 잡아먹는다!

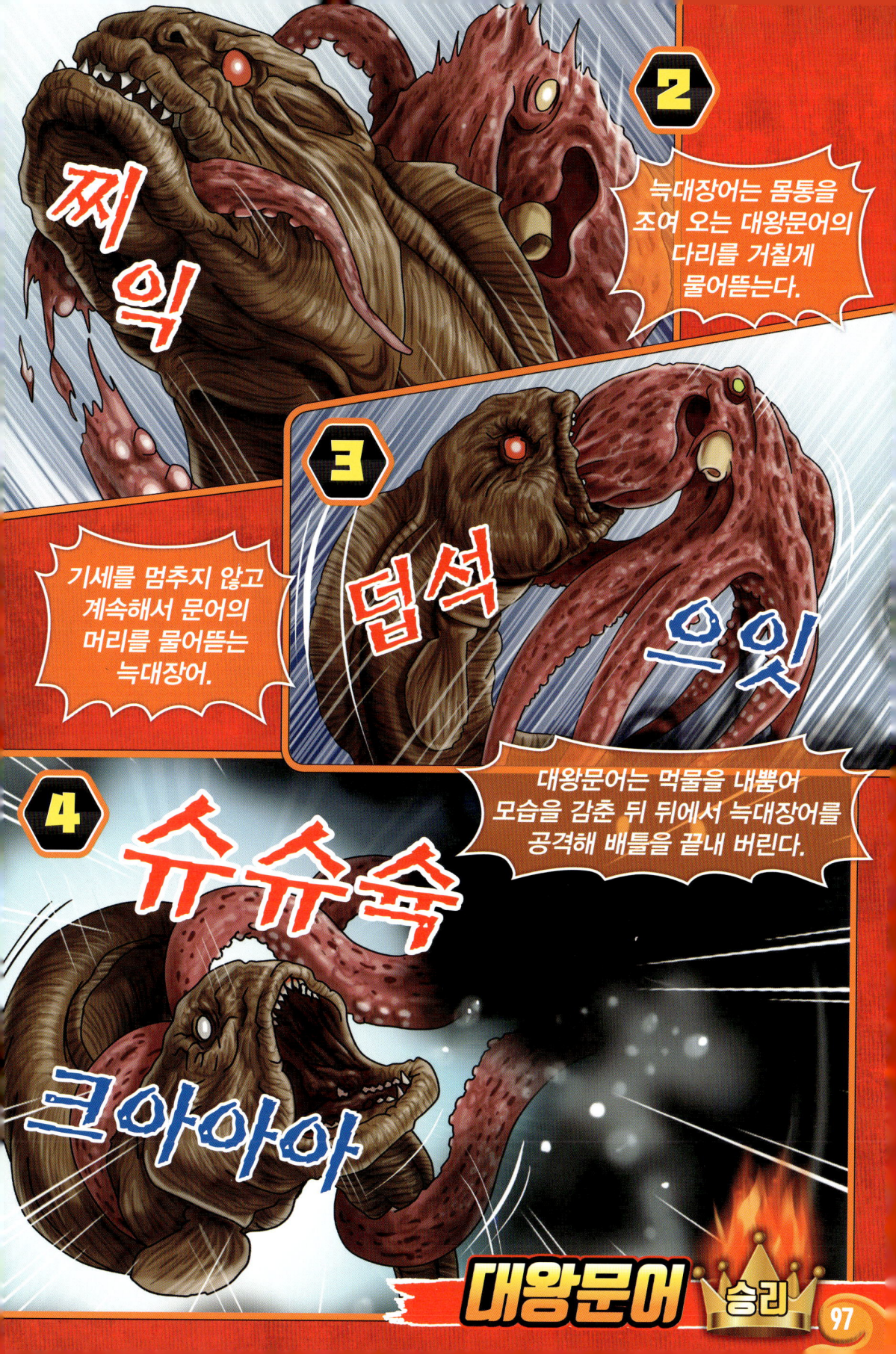

대표선수 11
무시무시한 꼬리 검
아메리카투구게

공격 무기

긴 꼬리 검

몸의 뒤쪽에 칼처럼 생긴 뾰족한 꼬리가 있다. 이것은 적을 향해 휘두르는 무기로 사용되기도 하지만 몸이 뒤집혔을 때 일어나는 용도로 사용되기도 한다.

게나 새우 등의 갑각류로 보이지만, 거미와 전갈에 더 가까운 수중 생물이다. 세계적으로 총 4종이 살고 있다. 얕은 모래땅에 살며, 바닥을 슬금슬금 돌아다니다가 발에 걸리는 조개 등을 잡아먹는다. 발은 12개이며, 그중 맨 앞의 2개는 길이가 짧고 먹이를 먹을 때 사용한다. 2쌍의 작은 눈 중 한 쌍은 *홑눈, 한 쌍은 *겹눈이다.

몸길이 40~60㎝   **서식지** 북태평양

*홑눈: 곤충류, 거미류 등의 절지동물에서 볼 수 있는 간단한 구조의 시각기. 어둡고 밝은 것을 구분하는 정도의 기능을 한다.
*겹눈: 홑눈이 벌집 모양으로 여러 개 모여 된 눈.

🛡️ 방어 무기

몸을 보호하는 단단한 껍질

움직임은 느리지만, 방어력이 뛰어나다. 성장하면서 껍질이 두껍고 단단해지기 때문에 모두 자란 후에는 다른 생물로부터 습격당하는 일이 거의 없다.

투구게의 화석

🛡️ 방어 무기

살아 있는 화석

투구게의 조상은 약 4억 년 전 고생대부터 나타났지만, 지금과 같은 모습을 하게 된 시기는 약 2억 년 전인 중생대부터라고 한다. 그 뒤로 계속 같은 환경에서 살았기 때문에 모습이 거의 변하지 않았다.

꼬리 끝까지 공격으로 살아남는다!

수중 생존 전략

투구게는 갯벌 같은 얕은 모래톱 환경에 적응하여 몇 억 년을 살아온 생물이다. 투구게가 자연에서 살아가는 다양한 모습을 살펴보자.

번식 방법: 수컷은 암컷을 발견하면 뒤에서 올라탄 뒤 다리로 암컷의 몸을 꽉 붙잡는다. 암컷은 모래 바닥에 얕은 구멍을 파고 알을 낳는데, 새끼는 태어나기 전 알 속에서 4번 탈피를 하고 50일 만에 부화한다고 한다.

1 무리를 지어 알을 낳는다!

알 속에 있는 새끼의 모습

2 적의 공격을 받는다!

몸을 뒤집어 보면 먹을 수 있는 부분이 적다.

필리핀원숭이의 공격

아메리카투구게는 등딱지가 뒤집어지면 무방비 상태가 되어 버린다. 등딱지만 크고 몸은 작아 실제로 먹을 수 있는 부분은 적지만, 동남아시아와 중국에서는 음식의 재료로도 사용된다.

수중 배틀 12

이번 배틀은 족제빗과에 속하는 비단수달과 투구게의 한 종류인 남방투구게의 대결이다. 이 대결의 승자는 누가 될까?

꼬리 검과 이빨 대결

홍 남방투구게 VS **비단수달 청**

1

먼저 공격을 시작한 쪽은 비단수달이다. 비단수달이 남방투구게를 앞발로 건드린다.

툭
툭

대표선수 12
강력한 엄니의 소유자
듀공

크고 튼튼한 몸

커다란 몸집 덕분에 다른 동물들이 쉽게 공격하지 못한다. 위턱에는 거대한 엄니 2개가 있으며, 이 엄니를 이용해 자신을 보호하기도 한다.

듀공의 입. 위턱에는 2개의 거대한 엄니가 있다.

바다에 사는 *포유류 중에 식물을 먹는 생물은 듀공 무리뿐이다. 한 지역의 식물을 모조리 먹어 치우기보다는 먼 거리를 헤엄쳐 다니면서 거머리말 등의 해초 잎이나 뿌리를 먹는다. 질긴 식물의 섬유질을 소화하는 데 3~5일이나 걸린다. 평소에는 *시속 3㎞ 정도로 헤엄치지만 위험이 닥치면 시속 20~30㎞로 헤엄칠 수 있다.

몸길이 2.5~3m　**서식지** 서태평양, 인도양

*포유류: 포유동물. 새끼에게 젖을 먹여 키우는 동물로, 알이 아닌 새끼를 낳으며 털이나 두꺼운 피부로 체온을 유지하는 특징이 있다.
*시속: 1시간 동안 진행 거리.

거대한 몸집으로 바다를 누빈다!

 **스피드**

오징어 같이 생긴 꼬리지느러미

먼 거리를 헤엄쳐 다니는 듀공의 꼬리지느러미는 오징어처럼 세모 모양을 하고 있는데, 이 모양은 빠르게 헤엄치는 데 유리하다. 반면 같은 바다소목에 속하는 매너티는 끝이 둥근 모양의 꼬리지느러미로 천천히 헤엄치며 다닌다.

듀공의 친구들

듀공의 친구들은 다리가 지느러미로 변한 포유류의 일종이다. 고래나 돌고래는 하마에 가깝고 듀공과 매너티는 코끼리에 가깝다고 한다.

서인도제도매너티

얕은 바다 밑이나 강 입구에 사는 식물을 먹고 산다. 헤엄치는 속도는 빠르지 않지만 그 외의 행동은 민첩한 편이다.

몸길이 2.5~3.5m　**서식지** 서대서양

몸길이 2~4m

서식지 온대 및 열대 해역

큰돌고래

돌고래 중에서 가장 빨리 헤엄치며, 물고기와 오징어를 잡아먹으며 산다. 초음파를 발사해 주변의 모습을 탐지할 수 있고 시력도 매우 뛰어나다.

흰돌고래

돌고래 중에서 몸집이 가장 크다. 다양한 소리로 의사소통을 한다는 특징 때문에 울음소리가 아름다운 카나리아라는 새에 빗대어 '바다의 카나리아'라고 부른다.

몸길이 4~5m   서식지 북극 주변의 바다

수중 생존 전략

듀공이나 매너티는 일생을 물속에서 산다. 먹이를 잡거나 새끼를 낳고 기르는 등의 모든 활동이 바다나 강에서 이루어진다.

듀공의 주식

듀공은 해초인 거머리말을 주식으로 먹는다. 해초는 *광합성을 하므로 해가 잘 닿는 얕은 바다에만 산다. 그렇기 때문에 듀공은 깊이 잠수하지 않고, 얕은 바다에만 분포한다고 한다.

1 해초를 먹으며 산다!

*광합성: 식물이 빛을 이용하여 양분을 스스로 만드는 과정.

2 물 밖으로 코를 내밀어 호흡한다!

진화를 거듭한 몸
두 개의 둥근 콧구멍이 위를 향해 있어 아주 조금만 얼굴을 들어도 물 밖에서 호흡할 수 있다.

새끼를 기르는 방법
듀공 종류는 젖이 겨드랑이 아래에 있다. 새끼는 어미에게 찰싹 달라붙어 헤엄치며 옆에서 젖을 먹는다. 새끼는 지방이 듬뿍 들어 있는 우유를 1년 이상 먹으며 자라난다.

3 새끼에게 젖을 먹인다!

수중 배틀 13

악마불가사리는 초대형 불가사리다. 커다란 듀공도 가시투성이 불가사리를 상대하기가 쉽지 않을 것이다.

바닷속 초원의 대결

홍 악마불가사리 VS **듀공 청**

➡22쪽   104쪽⬅

1

듀공의 먹이인 거머리말 밭을 악마불가사리들이 점령하고 있다.

슈슉 슈슉 슈슈슉
휘릭 휘릭 휘릭

연안 생물 최강 랭킹

🏆 1위 대왕곰치

바다의 악당이라 불리는 곰치 중에서도 가장 몸집이 큰 곰치다. 입이 매우 커서 먹이를 통째로 삼킬 수 있다. 독을 지니고 있으며, 이 독은 사람이 먹을 경우 목숨이 위태로울 정도로 강력하다.

얕은 바다에는 식물과 조류, 산호가 아름다운 풍경을 만들어 내는 동시에 풍부한 먹이와 은신처를 제공한다. 얕은 바다에 사는 생물 중에서 최강 생물로 꼽히는 세 마리를 소개한다.

2위 톱가오리

몸길이가 6m나 되는 톱가오리는 가오리 중에서도 길이가 가장 길다. 톱날 모양의 입을 휘저어 물고기에게 상처를 입힌 뒤 움직이지 못할 때 천천히 잡아먹는다.

3위 대왕문어

세계에서 가장 큰 문어인 대왕문어는 2m가 넘는 다리로 사람을 휘감아 죽일 수 있을 정도로 힘이 세다. 게다가 딱딱한 입까지 가지고 있어 게의 등딱지도 깰 수 있다.

재미있는 생물 상식

큰돌고래

돌고래 중에서도 특히 큰 큰돌고래는 얕은 바닷가에서 최고의 사냥꾼이다. 빠른 속도로 헤엄쳐 물고기를 잡기도 하지만, 밑바닥에 숨은 게 등을 찾아 잡아먹기도 한다.

공격 기술 2
독 공격

바다에 사는 생물들 중에는 독을 지닌 생물이 많다. 그 독의 종류가 매우 다양한 만큼 상대에게 상처를 입히는 방법도 모두 제각각이다. 독으로 공격하는 생물들을 알아보자.

쑥치

쑥치의 등지느러미에는 십여 개의 가시가 나 있는데, 가시에서 맹독을 내뿜는다. 바위로 위장하기 때문에 발견하기 어려워 조심해야 하는 생물이다.

파란고리문어

파란색 무늬가 있는 화려한 문어다. 테트로도톡신이란 맹독이 있기 때문에 사람이 물리면 죽을 수도 있다.

대보초 청자고둥

길이 1㎝ 정도의 독침을 먹잇감에 쏘아 코노톡신이란 맹독을 주입해 잡아먹는다. 사람을 향해 독침을 쏘기도 하는 무서운 고둥이다.

공포의 난바다 생물

이번에 소개할 생물들은 육지에서 멀리 떨어진 난바다에 살고 있는 생물들이다. 이곳은 육지와 멀리 떨어져 있고, 강물이 흘러들지 않기 때문에 바닷물이 투명한 편이다. 난바다에는 어떤 생물들이 살고 있는지 함께 살펴보자.

대표선수 13 — 돛새치

가장 빠른 물고기

⚔️ 공격 무기

검 모양의 위턱

위턱이 날카롭고 뾰족하며, 아래턱보다 길게 뻗어 있다. 위턱으로 먹이나 적을 찌르며 공격하기도 한다.

물속에서 가장 빨리 이동할 수 있는 생물로 알려져 있다. 몸이 매우 가늘고 길며, 납작한 막대 모양이다. 정어리나 전갱이의 무리에 깊이 파고들어 검 모양의 뾰족한 위턱으로 때려서 움직이지 못하게 만든 후 잡아먹는다. 돛 모양의 커다란 등지느러미를 가지고 있는 것이 특징이다.

몸길이 3~3.5m **서식지** 서태평양, 인도양

스피드

큰 등지느러미

평소에는 등지느러미를 접고 있다가 방향을 바꿀 때 크게 펼친 후 빠르게 헤엄친다.

날카로운 위턱으로 적의 몸을 찌른다!

스피드

최강 수영 선수

낚싯바늘에 걸리는 위험에 빠졌을 때 시속 100㎞ 이상으로 도망쳤다는 기록이 있다. 평소에는 시속 2㎞ 정도로 천천히 헤엄친다고 한다.

낚싯바늘에 걸린 돛새치

돛새치의 친구들

돛새치의 친구들 중에는 바닷속을 무리 지어 다니는 생물들도 있고, 먹잇감을 발견하면 빠른 속도로 먹잇감을 덮쳐 한입에 꿀꺽 삼켜 버리는 무시무시한 생물도 있다.

- 몸길이: 3~4m
- 서식지: 열대 및 온대 해역

황새치

몸집이 매우 큰 편에 속하며, 특히 위턱이 매우 길다. 그 모습 때문에 '칼고기'라고 불리기도 한다. 위턱을 검처럼 휘둘러 먹잇감의 숨통을 끊어 놓는다.

참다랑어

무리를 지어 해수면 부근을 매우 빠른 속도로 헤엄치며 다니는데, 이때 헤엄을 멈추면 갑자기 산소가 부족해져 죽을 수도 있다고 한다. 큰 입을 벌리고 헤엄치면서 물고기나 오징어 등을 통째로 잡아먹는다.

- 몸길이: 2~3m
- 서식지: 태평양의 따뜻한 바다

큰꼬치고기

날카로운 이빨로 물고기나 새우를 물어뜯는 무서운 사냥꾼이다. '시구아톡신'이란 강한 독까지 지니고 있어 사람이 먹으면 목숨을 잃을 수도 있다.

몸길이 1~1.5m

서식지 전 세계 따뜻한 바다

참고등어

큰 무리를 지어 이동한다. 아니사키스(고래회충)라는 기생충이 있을 확률이 높기 때문에 사람이 날것으로 먹을 경우 목숨을 잃을 수 있으므로 주의해야 한다.

몸길이 30~50cm   **서식지** 아열대 및 온대 해역

수중 생존 전략

돛새치의 특징은 큰 지느러미와 기다란 위턱이다. 상어와 같은 적이 나타나면 뾰족한 위턱으로 적을 찔러 쫓아 버리기도 한다.

파초 잎을 닮은 등지느러미
파초는 바나나 종류의 식물로 이파리가 매우 크다. 돛새치는 평소 큰 등지느러미를 접은 상태에서 헤엄치는데, 갑자기 방향을 바꿀 때 등지느러미를 펼치면 쉽게 방향을 바꾸어 헤엄칠 수 있다.

접거나 펼칠 수 있는 등지느러미

1 등지느러미로 헤엄친다!

수중 배틀 14

돛새치와 큰돌고래는 모두 빠른 속도로 헤엄칠 수 있게 진화했다. 스피드왕들이 겨루는 이번 배틀의 승자는 누구일까?

스피드 대결

홍 돛새치 VS **큰돌고래 청**

➡116쪽　　107쪽⬅

1

쿵　헉　흐

> 큰돌고래가 돛새치를 향해 몸통 박치기를 날리자 돛새치가 수면 위로 튀어 오른다.

대표선수 14
날아다니는 물고기
날치

🛡 방어 무기

가슴지느러미와 배지느러미

지느러미를 펼치고 공중을 재빠르게 날아다니면서 적으로부터 자신을 보호할 수 있다. 물속에서 헤엄칠 때도 지느러미를 펼치고 유유히 헤엄친다.

날치는 물고기지만 공중을 날 수 있다. 긴 가슴지느러미를 날개처럼 펼쳐 500m 이상을 *활공할 수 있는데, 지느러미를 기울여 방향을 바꿀 수도 있다. 바다 위를 45초 동안이나 계속 날았다는 기록도 전해진다. 날치가 바다 위를 나는 것은 참치 등의 적으로부터 도망을 치기 위해서라고 한다.

몸길이 30~40㎝ **서식지** 한국, 일본, 대만 등지

*활공: 날개를 움직이지 아니하고 날아다님.

가슴지느러미

배지느러미

가슴지느러미와 배지느러미를 펼치고 바다 위를 날아다닌다.

파닥파닥 바다 위를 날다!

스피드

꼬리지느러미로 속력 내기

활공할 때 꼬리지느러미로 수면을 때리면 속도가 떨어지지 않고 계속 날 수 있다. 이런 습성 때문에 꼬리지느러미의 아래쪽이 길어졌다고 한다.

날치의 친구들

이번에 소개하는 동갈치나 날치의 일종은 몸이 매우 가늘고 길며, 사람의 식탁에 오르는 귀한 먹거리가 되기도 한다.

동갈치

위아래의 턱이 길고 날카롭게 뻗어 있다. 동갈치는 빛을 쫓는 습성이 있어 밤에 낚시를 하던 사람이 동갈치에 찔려 목숨을 잃는 사고가 발생하기도 한다.

- **몸길이** 1~1.2m
- **서식지** 한국, 일본, 중국 등지

학꽁치

위턱은 짧은데 아래턱만 바늘처럼 길게 늘어나 있다. 이 길쭉한 아래턱을 이용해 해수면을 떠다니는 플랑크톤을 건져서 먹는다.

- **몸길이** 30~40cm
- **서식지** 한국, 일본, 대만 등지

동갈치의 예리한 턱에는 날카로운 이빨이 나 있다. 한 번 물리면 가벼운 상처로는 끝나지 않는다

꽁치아재비

동갈치의 일종으로 위턱과 아래턱 모두 길다. 가늘고 긴 입에는 뾰족한 이빨이 나 있고, 이 이빨을 휘두르며 작은 물고기를 공격한다.

몸길이 1~1.5m   서식지 서태평양, 인도양

수중 배틀 15

바다 위를 날아다니면서 바닷속의 적으로부터 도망치는 날치와 남방살오징어! 과연 활공 챔피언은 누가 될까?

비행왕의 대결

홍 | 날치 **VS** **남방살오징어 | 청**

➡124쪽

1

남방살오징어가 나타나 바닷물을 강하게 뿜어내며 수면 위로 튀어 오른다.

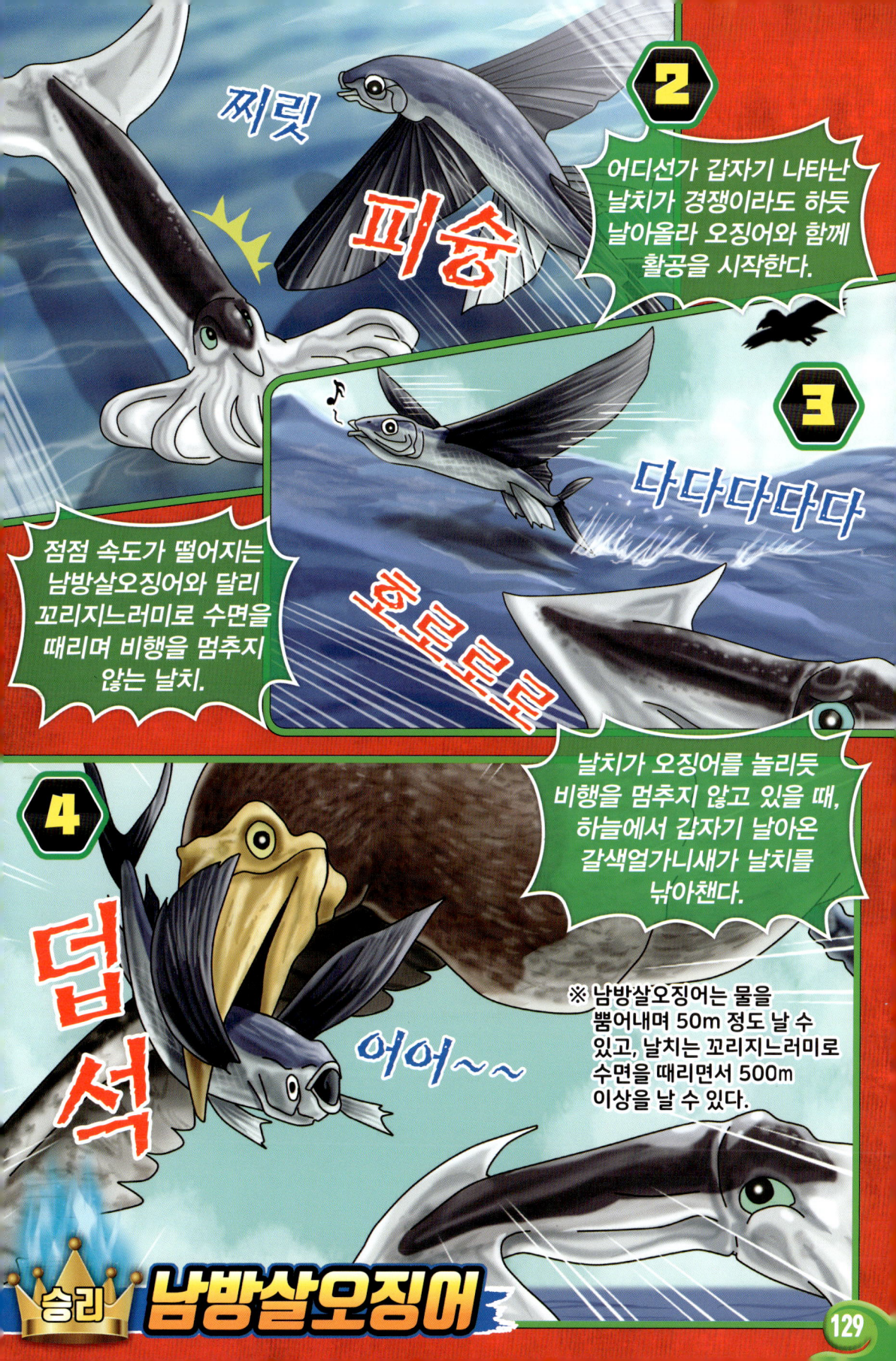

대표선수 15

바다의 난폭한 포식자

백상아리

⚔️ 공격 무기

날카로운 이빨

이빨 하나하나가 모두 크고 길이가 7cm나 된다. 주로 사용하는 이빨 뒤쪽에는 이빨이 또 있고, 이빨이 빠지면 새로운 이빨이 계속해서 다시 난다.

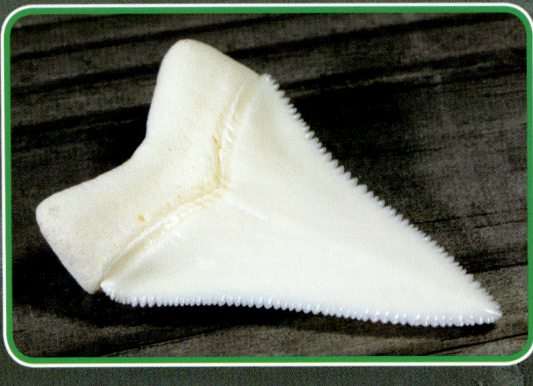

이빨 가장자리가 뾰족한 톱날처럼 생겼다.

영화 〈죠스〉에 등장하는 상어의 모델로 알려져 있으며, 다른 동물을 쫓아가 잡아먹는 포식성 상어 중 가장 크다. 성장하면서 점점 큰 먹이를 사냥할 수 있게 되는데, 완전히 성장하면 돌고래나 바다표범, 물개 등을 잡아먹을 수 있다. 뼈가 유연한 연골어류이기 때문에 갈비뼈처럼 내장을 보호하는 단단한 뼈가 없어 배 부분이 약점이다.

몸길이 4~5m　**서식지** 열대 및 아한대 해역

바다의 무시무시한 무법자!

⚔️ 공격 무기

쉬지 않고 헤엄치기

백상아리는 태어나서 죽을 때까지 쉬지 않고 계속 헤엄치는데, 그 이유는 호흡을 하기 위해서다. 입을 벌리고 헤엄치면서 항상 새로운 바닷물을 아가미로 보내 호흡한다. 재빠르게 헤엄치는 모습은 다른 동물들에게 위협이 되기도 한다.

백상아리의 친구들

이번에 소개하는 수중 생물들은 상어들 중에서도 특히 몸집이 큰 상어들이다. 이들은 종에 따라 다른 먹이를 먹기도 한다.

고래상어

물고기 중에서 가장 몸이 큰 물고기로 알려져 있다. 수면 부근을 천천히 헤엄치면서 바다에 떠 있는 크릴새우나 플랑크톤, 바다 생물의 알 등을 먹는다.

- 몸길이: 10~12m
- 서식지: 온대 및 열대 해역

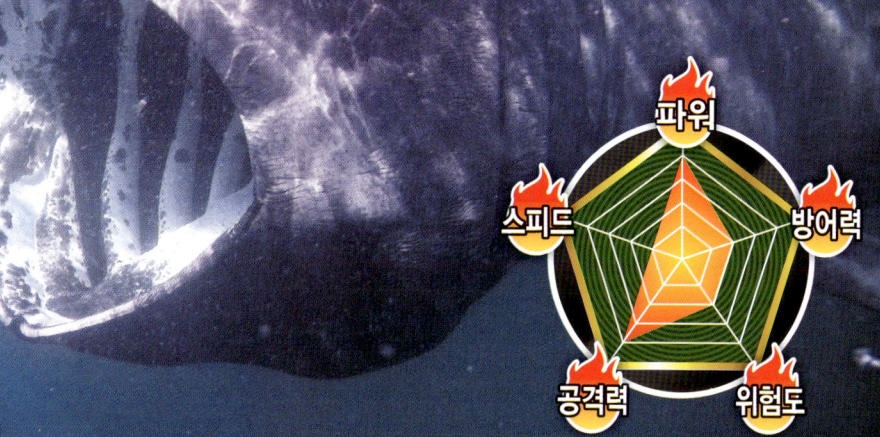

몸길이 8~10m　**서식지** 북태평양, 북대서양

돌묵상어

입을 크게 벌리고 헤엄치면서, 물과 함께 입속으로 들어오는 많은 양의 플랑크톤을 아가미를 이용해 걸러 먹는다.

샌드타이거상어

얕은 바다를 헤엄쳐 다니며 물고기나 새우를 먹는다. 어미의 배 속에서 알이 부화하는데, 배 속에서 서로 먹고 먹히는 관계에서 살아남은 새끼들만 태어나기 때문에 태어나면서부터 승자라고 할 수 있다.

몸길이 2~3m　**서식지** 따뜻한 바다

백상아리는 소리나 냄새, 수중 진동 등으로 먹이를 찾아 날카로운 이빨로 물어뜯는다. 백상아리에게 한번 눈에 띈 먹잇감은 도망치기 어렵다.

멋지게 성공한 사냥
수면 가까이 다가와 날아다니거나 수면에 앉아 있는 갈매기, 갈색얼가니새 등의 바닷새를 재빨리 덮쳐 잡아먹는다. 이따금 먹이를 놓치기도 하지만, 사진 속에서는 멋지게 사냥에 성공했다.

백상아리에게 잡혀 물속으로 끌려들어 온 새

① 재빠르게 사냥한다!

2 멋지게 점프한다!

힘이 넘치는 점프

수면 가까이 떠 있는 먹잇감을 발견하면, 먹잇감이 알아채지 못하도록 바다 깊은 곳에서부터 매우 빠른 속도로 헤엄쳐 덮치고는 한다. 이때 힘이 세서 공중으로 높이 점프하기도 한다.

사냥에 항상 성공하는 것은 아니다. 이번에는 먹잇감이 재빠르게 도망치는 바람에 실패하고 말았다.

수중 배틀 16

이번 배틀은 백상아리와 참다랑어의 한판이다. 뼈가 단단한 참다랑어가 유리해 보이지만, 난폭한 백상아리도 결코 만만한 상대가 아니다.

연골어류와 경골어류의 대결

홍 백상아리 VS **참다랑어 청**

➡130쪽   118쪽⬅

① 덥석

백상아리가 재빠른 속도로 참다랑어를 쫓아가 꼬리를 물어뜯는다.

대표선수 16

커다란 망토를 두른 가오리
대왕쥐가오리

 **방어 무기**

망토처럼 큰 몸

망토를 펼친 것 같은 모습을 하고 있다. 몸이 매우 큰 대왕쥐가오리의 경우 가로 폭이 7m나 되므로, 독 가시 등의 다른 무기가 없어도 다른 동물에게 공격받는 일이 거의 없다.

 공격 무기

입 양쪽에 있는 실패

입의 양쪽 끝에는 기다란 머리지느러미가 달려 있다. 머리지느러미를 접었을 때의 모습이 실패를 닮았다고 알려져 있으며, 이 지느러미는 입 주위로 먹이를 모으는 역할을 하는 것으로 추정된다.

실패는 바느질할 때 쓰기 편하도록 실을 감아 두는 작은 도구이다.

세계에서 가장 큰 가오리로 알려져 있다. 몸에 큰 가슴지느러미가 달려 있어서 마치 망토를 넓게 펼친 것 같은 모습을 하고 있다. 수면 가까이 올라와 헤엄치면서 입을 크게 벌려 작은 플랑크톤을 삼킨 뒤 아가미 사이로 걸러서 먹는다. 플랑크톤이 많이 모여 있는 곳에서는 공중제비를 하듯 빙글빙글 돌며 플랑크톤을 먹는다고 한다.

몸길이 3~5m **서식지** 열대 및 아열대 해역

수중 생존 전략

완전히 성장한 대왕쥐가오리가 가슴지느러미를 넓게 펼치고 있으면 어떤 동물도 쉽게 공격하지 못한다고 한다. 백상아리나 범고래 등 초대형 사냥꾼에게 습격을 당하기도 하지만 큰 힘을 발휘해 적을 물리치는 경우가 더 많다.

먹이를 걸러 주는 실패

입의 양쪽 끝에 머리지느러미가 있다. 빠르게 헤엄칠 때는 실패 모양으로 감고 있지만, 먹이를 먹을 때는 머리지느러미를 펼쳐서 입 주변에 붙인다. 이렇게 하면 좀 더 많은 플랑크톤을 빨아들일 수 있다.

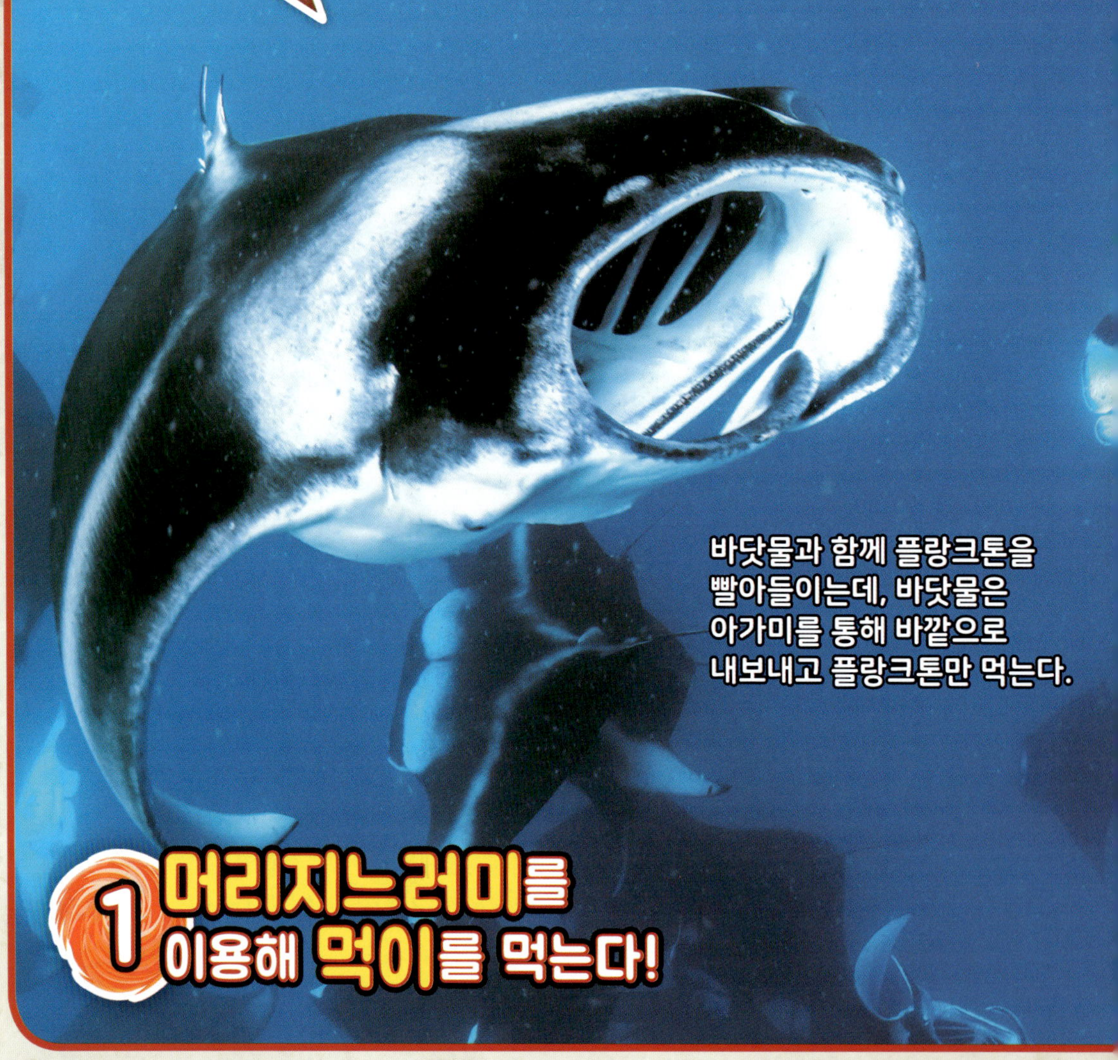

바닷물과 함께 플랑크톤을 빨아들이는데, 바닷물은 아가미를 통해 바깥으로 내보내고 플랑크톤만 먹는다.

1 머리지느러미를 이용해 먹이를 먹는다!

점프가 최고에 달했을 때 지느러미를 펼치는데, 이대로 떨어지면 수면에 몸을 부딪치면서 큰 소리가 난다.

2 암컷에게 잘 보이려고 한다!

힘차게 수면 위로 튀어 오른다.

수컷이 점프하는 이유

크고 넓적한 대왕쥐가오리가 점프하면 물에 떨어질 때 수면을 때리는 소리가 매우 크다. 간혹 수컷 대왕쥐가오리가 공중으로 높이 튀어 오를 때가 있는데, 이는 암컷에게 잘 보이기 위해서이다. 떨어질 때 나는 소리가 클수록 건강한 수컷이라는 증거라고 한다.

수중 배틀 17

대왕쥐가오리와 개복치는 모두 얇고 평평한 원반형 생물이다. 두 생물 모두 점프를 잘해서 공중으로 튀어 오를 수 있다.

거대한 원반의 대결

홍 대왕쥐가오리 VS **개복치 청**

➡138쪽

1

뻐끔 뻐끔

개복치가 배틀 상대를 기다리면서 수면 위에서 옆으로 누워 쉬고 있다.

대표선수 17

등딱지가 붉은 거북

붉은바다거북

 공격 무기

단단한 입

거북은 이빨이 없지만, 그 대신 새의 부리처럼 입이 딱딱하다. 이 단단한 입으로 조개나 새우 등 딱딱한 먹이를 으깰 수 있다.

등딱지의 색이 적갈색이라 붉은바다거북이라는 이름이 붙여졌다. 부화한 새끼 거북은 10년 정도 지나면 완전히 성장한 후 태어난 바닷가로 다시 돌아가 *산란한다. 조개나 새우 등을 주로 먹지만, 오징어, 해파리, 해조류 등의 다양한 생물을 먹기도 한다. 딱딱한 등딱지로 몸을 보호하고, 지느러미로 변한 긴 앞발로 날갯짓하듯 헤엄친다.

몸길이 70~100㎝   **서식지** 온대 및 아열대 해역

*산란: 알을 낳음.

파워
스피드
방어력
공격력
위험도

🛡️ 방어 무기

몸을 지키는 등딱지

딱딱한 등딱지는 적으로부터 몸을 보호할 수 있는 최고의 방어 무기이다. 하지만 붉은바다거북은 대부분의 거북처럼 발과 머리를 등딱지 속에 숨기는 것이 불가능하다.

붉은바다거북의 친구들

바다거북의 무리는 일생을 바닷속에서 산다. 모두 다리의 형태가 지느러미 모양으로 변해서 수영 실력이 매우 뛰어나다.

몸길이 80~110㎝

서식지 열대 및 아열대 해역

입의 가장자리가 꺼끌꺼끌한 톱니 모양으로 되어 있어 해초 등을 쉽게 물어뜯을 수 있다.

푸른바다거북

새끼 시기에는 해파리 등의 동물을 먹기도 하지만, 성장을 마치면 거머리말 등의 해초나 모자반 등의 해조류를 주식으로 한다. 지방의 색이 청록색이기 때문에 푸른바다거북이란 이름이 붙여졌다.

파워 / 스피드 / 방어력 / 공격력 / 위험도

매부리바다거북

산호초에서 살며 주로 해면동물을 뜯어 먹는다. 등딱지는 플라스틱과 비슷한 광채가 나서 빗, 솔 등을 만드는 데 사용되기도 했다. 과거에 사람들이 마구 잡아들이는 바람에 현재는 멸종 위기에 놓여 있다.

- 몸길이: 60~100cm
- 서식지: 열대 및 온대 해역

장수거북

장수거북의 입속

세계에서 가장 큰 거북으로 알려져 있다. 등딱지가 퇴화되고 등이 피부로 덮여 있기 때문에 부드럽다. 대량의 해파리를 바닷물과 함께 빨아들인 다음 바닷물만 토해 내고 목에서 해파리를 걸러 내 먹는다.

- 몸길이: 1.2~1.8m
- 서식지: 열대 및 온대 해역

수중 생존 전략

모든 성장을 마친 바다거북의 경우 큰 몸과 단단한 피부 때문에 다른 동물들이 쉽게 공격할 수 없다. 하지만 새끼 시기에는 상어나 갈매기 등에게 공격을 받기 쉬워 많은 수가 잡아먹히고 만다.

독에도 끄떡없는 몸

해파리의 촉수에는 '자포'라는 독침이 있어 쏘이면 몸에 독이 퍼진다. 하지만 붉은바다거북의 몸은 단단한 비늘로 덮여 있기 때문에 독침이 들어가지 않을 뿐 아니라 독침을 삼켜도 무사히 소화시킬 수 있다.

해파리

1 독이 있는 해파리를 잡다!

번식 방법

일생을 바다에서 사는 바다거북이지만 알을 낳을 때는 육지로 올라온다. 어미 거북은 알을 모래에 묻고 나면 바다로 다시 돌아가기 때문에 부화한 새끼는 자신의 힘으로 모래에서 바다까지 기어가야 한다. 이때 바다까지 가지 못하고 천적에게 잡아먹히는 경우가 많다.

2 육지로 올라와 알을 낳는다!

알을 깨고 나오면 모래를 헤치고 나와 기어서 바다를 찾아간다.

한 번에 25~160개의 알을 낳는다.

수중 배틀 18

붉은바다거북은 해파리 독침에도 끄떡없다. 하지만 2m가 넘는 거대한 유령해파리가 나타나 공격한다면 어떻게 될까?

전신 갑옷과 촉수의 대결

홍 붉은바다거북 VS **유령해파리 청**

➡144쪽

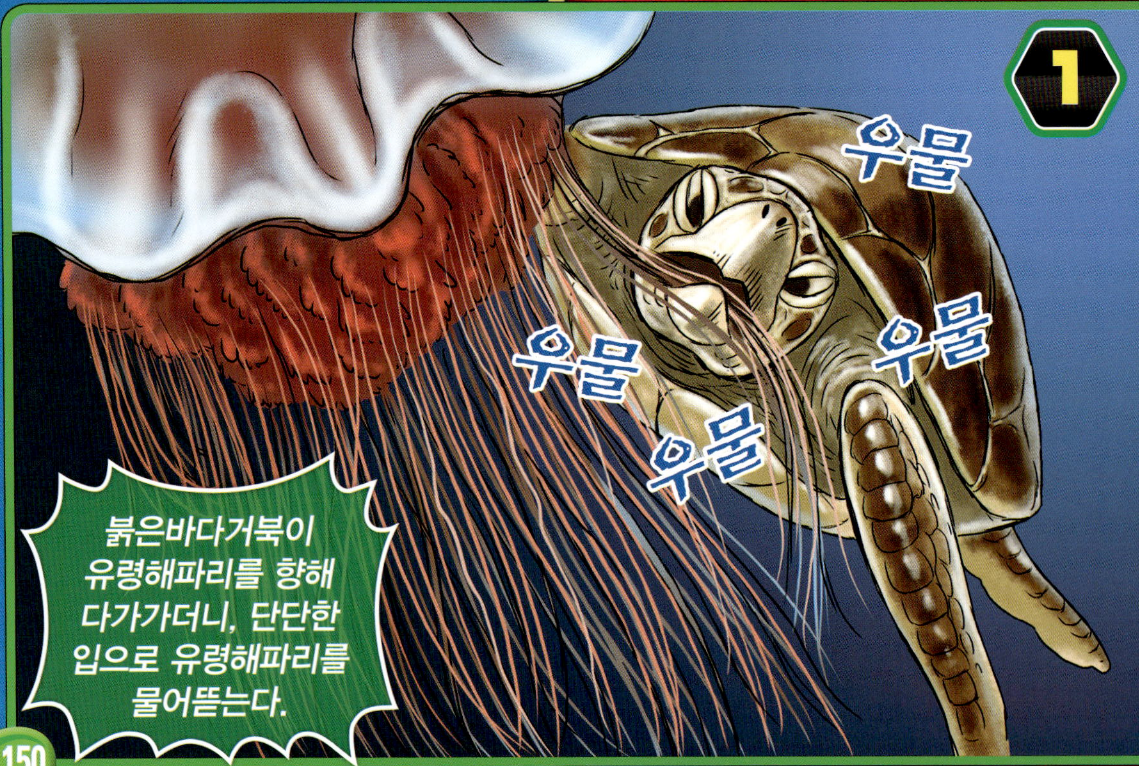

①

우물 우물 우물 우물

붉은바다거북이 유령해파리를 향해 다가가더니, 단단한 입으로 유령해파리를 물어뜯는다.

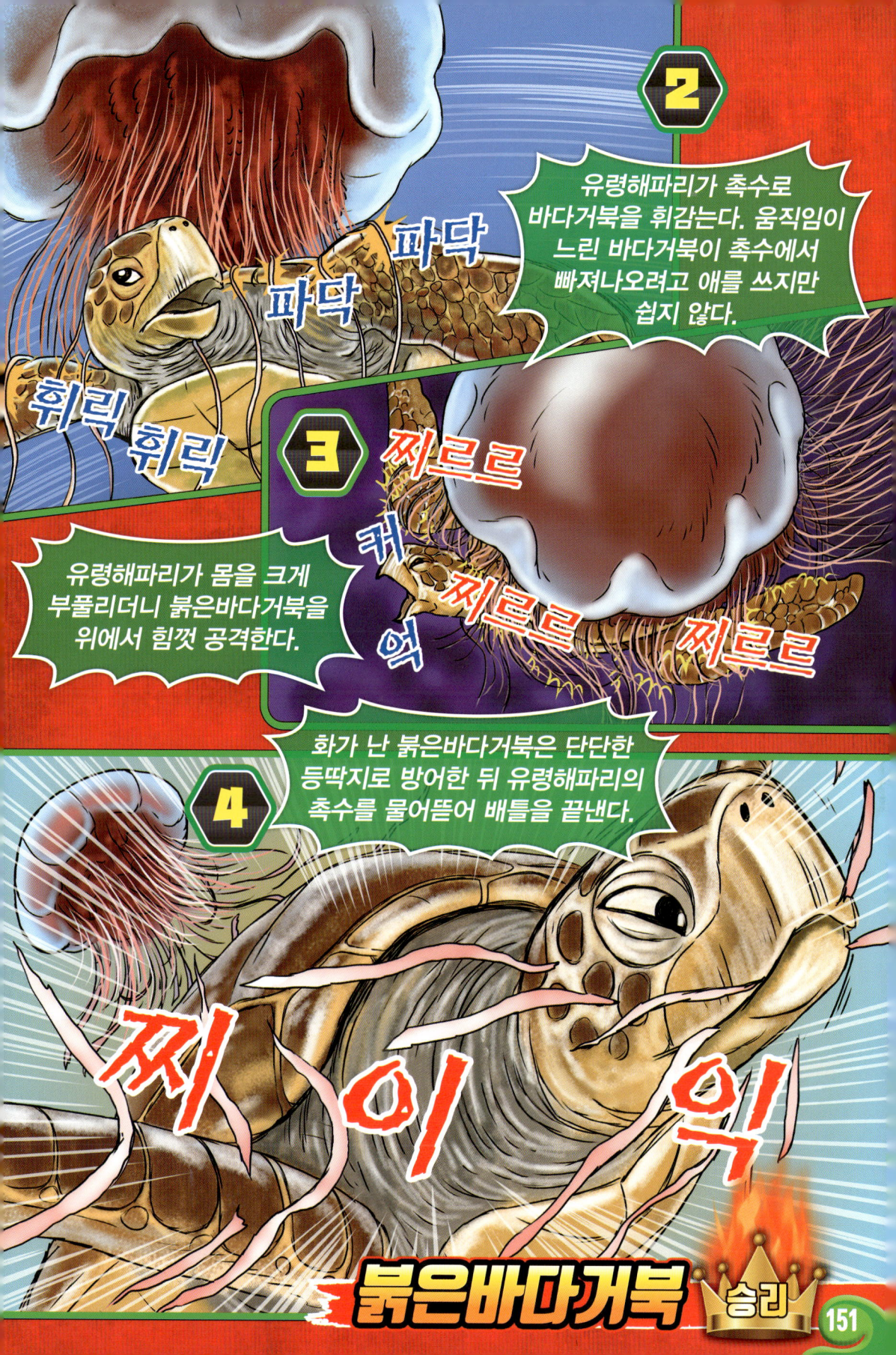

난바다 생물 최강 랭킹

🏆 1위 백상아리

최강 1위는 역시 난바다의 난폭한 포식자, 백상아리다. 큰 입에는 삼각형 모양의 예리하고 날카로운 이빨이 가득하며, 돌고래나 바다표범 등의 대형 포유류도 잡아먹는다.

육지에서 멀리 떨어져 있는 바다에는 큰 장애물이 없기 때문에 마음껏 수영할 수 있어서 수영 실력이 뛰어난 생물이 많다. 3장에 등장하는 난바다 생물 가운데 최강 생물들을 1위부터 3위까지 소개한다.

2위 돛새치

스피드라면 돛새치를 이길 생물이 거의 없을 정도로 수영 실력이 뛰어나다. 검처럼 기다란 입으로 물고기 무리 속에 뛰어들어 먹잇감들을 쓱쓱 베어 버린다.

3위 큰꼬치고기

빠르게 헤엄치는 데 적합한 활 모양의 유선형 몸을 가지고 있다. 커다란 입과 가늘고 긴 뾰족한 이빨로 먹이를 물면 절대로 놓아주지 않는다.

재미있는 생물 상식

고래상어

엄청난 크기를 자랑하는 생물이다. 큰 입을 벌린 채 헤엄치며 플랑크톤을 먹는 모습이 흥미롭다. 공격력은 다소 부족하지만 방어력은 최고 수준이다.

공격기술 3
특수 무기

스스로 무기를 진화시켜 온 생물들을 소개한다. 다른 생물들에게는 없는 특수 무기를 이용해 자신보다 몸집이 큰 적을 물리칠 수 있는 생물들을 살펴보자.

향유고래의 초음파

고래는 초음파를 이용해 주변을 탐지하는데, 향유고래는 먹이에게 초음파를 발사하여 기절시킬 수 있는 놀라운 힘을 발휘하기도 한다.

전기뱀장어의 전류

전기뱀장어는 생물 중에서 가장 강한 발전 능력을 지니고 있다. 전기뱀장어가 내뿜는 전류는 사람이 감전되어 목숨을 잃을 수도 있을 만큼 강력하다고 한다.

그린아나콘다의 조이기

세계에서 가장 몸무게가 무거운 뱀으로, 조이는 힘 역시 최강이다. 물가에서 악어를 휘감아 압박시켜 통째로 잡아먹기도 한다.

4
위험한 극지방 생물

극지방이란 남극과 북극을 중심으로 한 그 주변 지역을 말한다. 매우 추운 날씨 때문에 다른 지역에 비하여 생물의 종류는 다양하지 못하지만, 바닷물에는 산소가 많이 녹아 있어 바닷속을 드나드는 생물들이 많다.

대표선수 18

남극의 사냥꾼
레오파드바다표범

- 파워
- 스피드
- 방어력
- 공격력
- 위험도

공격 무기

눈 밑까지 찢어진 큰 입

입이 매우 크게 벌어지고, 턱의 힘도 매우 강하다. 이빨도 크고 날카로워서 강력한 공격 무기로 사용된다.

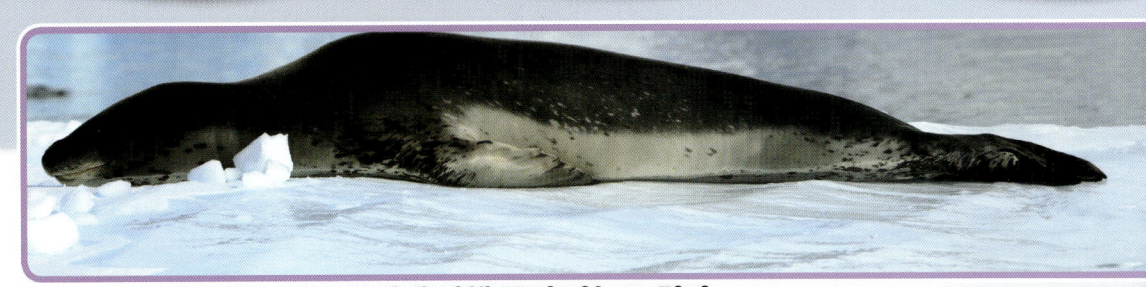

레오파드바다표범은 다른 물범에 비해 몸이 가늘고 길다.

 **스피드**

뱀을 닮은 목이 긴 체형

다른 물범과는 다른 독특한 체형으로, 몸이 가늘고 목도 길다. 이 몸을 구부렸다 펴며 빠르게 헤엄친다고 한다.

날카로운 엄니로 적을 제압한다!

남극 주변의 차가운 바다를 헤엄쳐 다니는 무서운 사냥꾼이다. 동족끼리 먹이를 빼앗기도 한다. 날카로운 엄니로 물개나 펭귄의 숨통을 끊어 놓기도 하고, 대량으로 떠 있는 크릴새우를 바닷물과 함께 삼켰다가 이빨 사이로 바닷물을 내보내고 크릴새우만 먹는다. 배에 표범 무늬가 있어서 레오파드바다표범이라는 이름이 붙여졌다.

몸길이 2.5~3.6m　**서식지** 남극과 그 주변의 연안

레오파드바다표범의 친구들

바다의 포유류는 육지 동물인 곰과 가까운 동물에서 진화했다고 한다. 이런 동물들은 몸집이 큰 육식 동물로, 다리가 지느러미로 변화되었다.

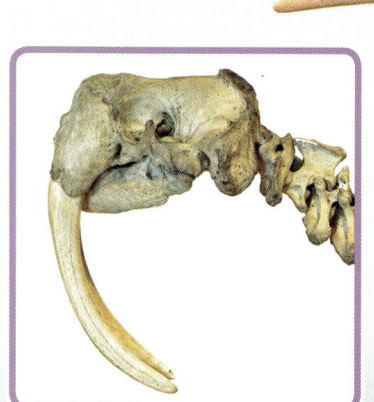
바다코끼리의 머리뼈

바다코끼리

추운 바다에서 살지만 털이 거의 없고, 두꺼운 지방으로 몸을 보호한다. 수컷과 암컷 모두 한 쌍의 긴 엄니를 가지고 있으며, 북극곰을 물리칠 만큼 힘이 세다.

몸길이 2.2~3.6m

서식지 북극 주변의 연안

두건바다표범

수컷들은 코를 머리에 쓰는 두건처럼 크게 부풀리는데, 이것은 암컷에게 잘 보이기 위한 행동이다. 크게 부풀린 코는 건강하고 강한 수컷의 상징이라고 한다.

몸길이 2~3m **서식지** 북대서양 북극 주변의 연안

남방코끼리물범

세계에서 가장 큰 물범으로, 몸무게가 많이 나가는 것은 4t(톤)이나 된다. 수컷 한 마리가 수십 마리의 암컷을 거느리며, 수컷들은 암컷을 차지하기 위해 격렬한 싸움을 한다.

몸길이 3~6m **서식지** 남극과 그 주변의 연안

수중 생존 전략

몸이 크고 빠른 스피드와 강한 힘을 갖춘 레오파드바다표범은 남극 주변의 바다에서 최강 수중 생물에 속하는 막강한 생물이다.

남방코끼리물범과의 싸움

바닷가에서 자신의 영역을 차지하기 위해 다투는 경우가 있다. 몸의 크기로는 상대가 안 되지만 공격력이 우수한 레오파드바다표범은 물러서지 않고 입을 크게 벌리며 상대를 위협한다.

레오파드바다표범

남방코끼리물범

1 상대를 위협한다!

2 펭귄을 사냥한다!

격렬한 사냥 방법

젠투펭귄은 시속 36km로 헤엄치는 가장 빠른 펭귄이지만, 레오파드바다표범은 그보다 빠른 시속 40km로 헤엄쳐 잡아먹는다. 레오파드바다표범은 젠투펭귄을 큰 입으로 물고 이리저리 휘둘러 죽인 다음 잡아먹는다.

▶ 이리저리 휘둘리는 젠투 펭귄

게잡이물범

레오파드바다표범

◀ 같은 바다표범의 일종인 게잡이물범을 공격하기도 한다.

수중 배틀 19

레오파드바다표범을 상대로 남극크릴새우 무리가 배틀에 출전한다. 수적으로 우세한 남극크릴새우가 승리를 차지할 수 있을까?

남극 사냥꾼과 작은 무리의 대결

홍 레오파드바다표범   **VS**   남극크릴새우 **청**

➡156쪽

1

레오파드바다표범이 나타나 입을 크게 벌린 채 헤엄치면서 남극크릴새우를 마구 먹어 치우기 시작한다.

후루룩

후루룩

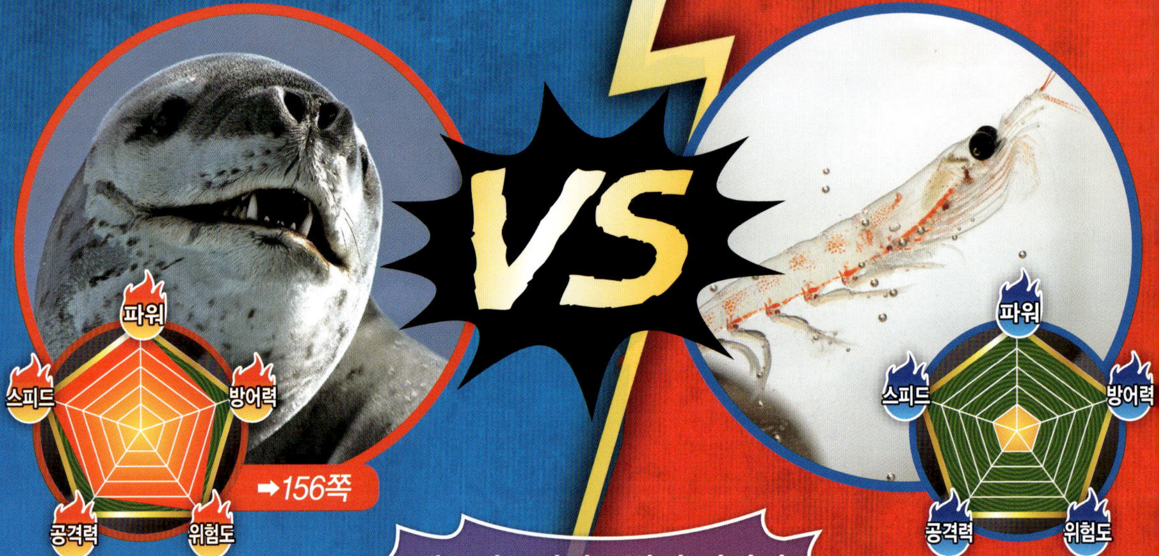

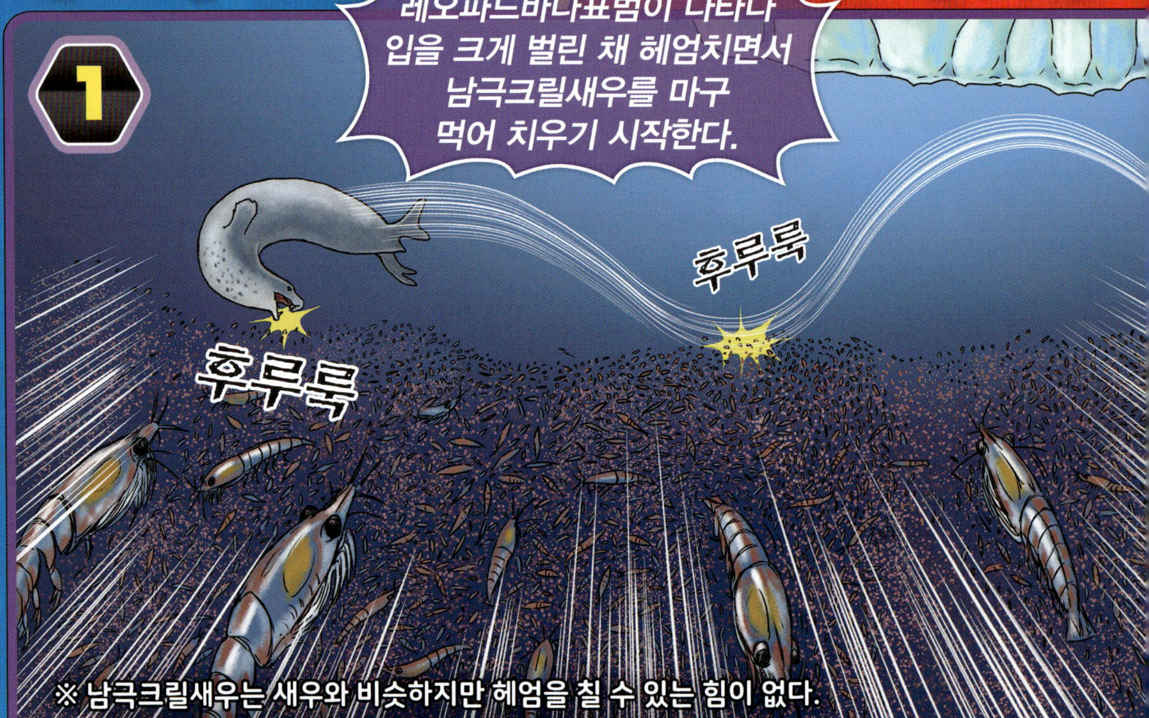

※ 남극크릴새우는 새우와 비슷하지만 헤엄을 칠 수 있는 힘이 없다. 그리고 세계에서 개체 수가 가장 많은 생물로 알려져 있다.

대표선수 19

북극의 백색 사냥꾼
북극곰

파워 / 스피드 / 방어력 / 공격력 / 위험도

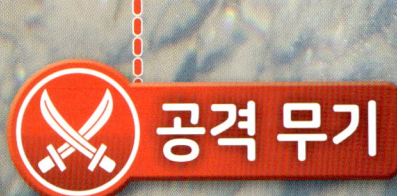

공격 무기

강력한 앞발 펀치

북극곰의 앞발은 힘이 매우 강하다. 있는 힘을 다하여 내리치면 커다란 바다표범도 한 방에 물리칠 수 있는 최고의 공격 무기이다.

북극 바다 주변의 얼음 위에서 사는 흰색 곰이다. 수컷의 몸무게가 800㎏이나 나가는 엄청난 무게의 육식 동물이다. 식물이 나지 않는 얼음 위에서 살기 때문에 먹이의 대부분은 주로 바다표범과 같은 동물이다. 단, 얼음이 녹는 여름에는 바다와 가까운 육지로 이동해 순록(사슴과의 하나)이나 나무 열매를 먹기도 한다.

몸길이 2~3m　　**서식지** 북극 주변의 연안

방어 무기

흰색의 털

하얀 털은 눈 위에서 눈에 띄지 않기 때문에 먹이를 향해 몰래 다가가는 데 도움이 된다. 하지만 털 하나하나를 자세히 들여다보면 유리처럼 투명한데, 빛을 반사해 하얗게 보일 뿐이라고 한다.

적을 향하여 펀치를 날리다!

공격 무기

크고 튼튼한 이빨

곰은 먹이를 가리지 않는 잡식성이지만, 북극곰은 고기만 먹기 때문에 엄니가 크고 어금니도 뾰족하다. 북극곰의 이빨은 육식을 하면서 진화되었다고 한다.

수중 생존 전략

북극곰은 먹이의 대부분을 바다에서 얻는다. 바다에 얼음이 어는 추운 겨울이 되면 이동할 수 있는 공간이 넓어지기 때문에 사냥하기가 쉬워진다.

1 죽은 동물을 먹는다!

여름 사냥법

여름에는 먹이를 구하기 어렵기 때문에 기본적으로 항상 배가 고파 있다. 하지만 운 좋게 해안을 따라 떠내려온 고래나 바다코끼리의 사체를 발견하면 배불리 먹을 수 있다.

2 숨어서 먹잇감을 기다린다!

재빠른 사냥법 | 북극곰은 숨어서 먹잇감을 기다리거나, 먹잇감을 발견하면 살며시 다가가 사냥을 한다. 얼음 사이의 틈을 조용히 지켜보며, 바다표범이 얼굴을 내밀고 호흡하기를 기다린다. 그리고 먹잇감이 얼굴을 내밀면 기어서 다가간 다음 그대로 돌진해 앞다리로 쳐서 숨통을 끊어 놓는다.

3 암컷을 차지하기 위해 싸운다!

수컷끼리의 싸움 | 짝짓기 시기가 되면 암컷을 차지하기 위해 수컷들끼리 치열한 싸움을 벌인다. 짝짓기 시기가 아닐 때도 수컷들끼리 싸움 연습을 하는 경우가 종종 있다고 한다.

수중 배틀 20

북극곰의 무기는 강력한 앞발이고, 일각돌고래의 무기는 긴 엄니다. 긴 엄니가 곰의 심장을 뚫을 수 있을지 지켜보자.

차가운 빙상의 대결

홍 북극곰 VS **일각돌고래 청**

➡164쪽

1

북극곰이 얼음 위에서 일각돌고래가 얼굴을 내밀고 호흡하기를 기다린다.

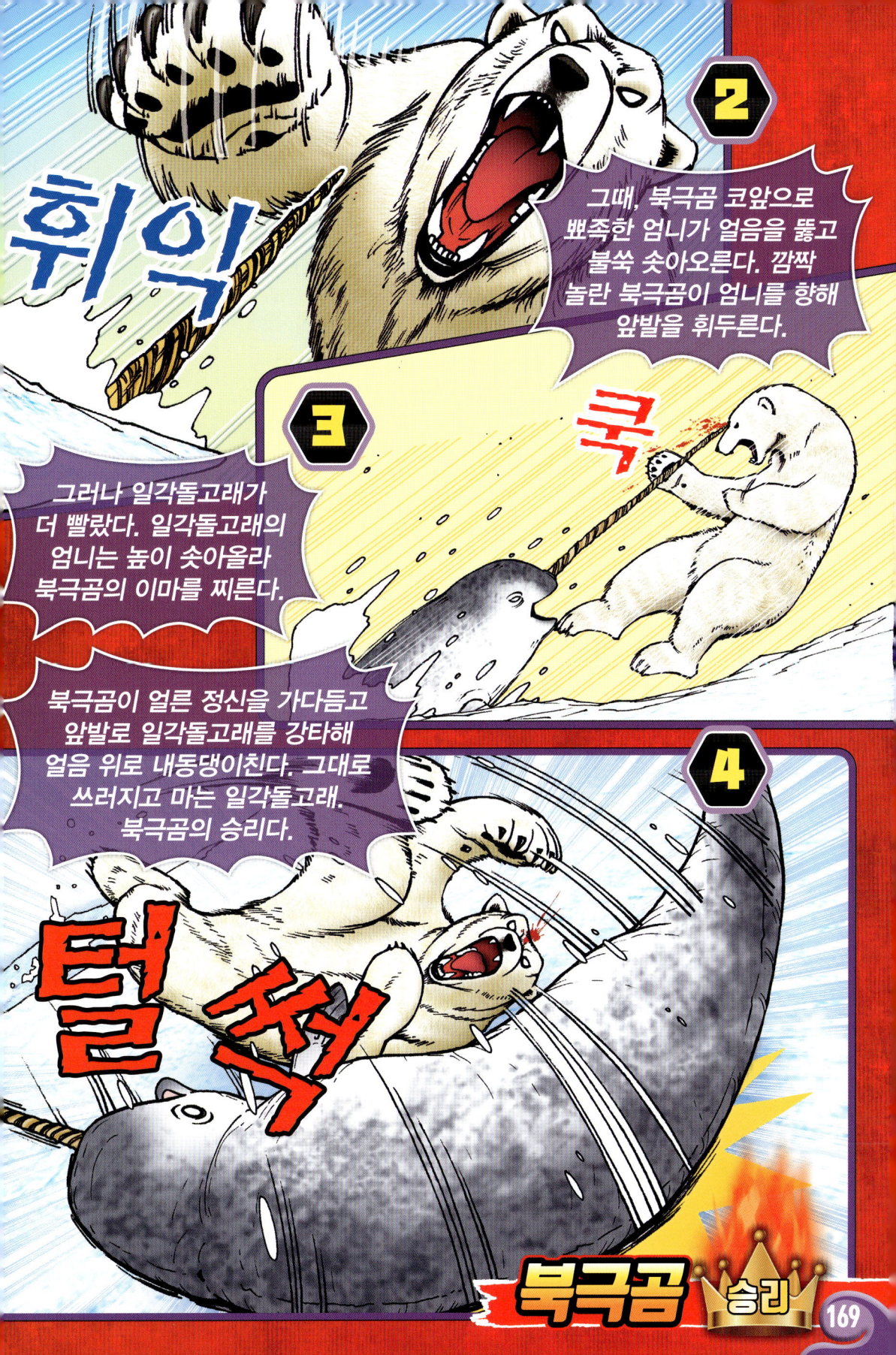

극지방 생물 최강 랭킹

🏆 1위 북극곰

바다에 떠 있는 얼음 위가 북극곰의 사냥터다. 바다표범이 쉬고 있을 때나 호흡을 하기 위해 수면 위로 나타났을 때 덮친다. 추위에 강해 차가운 바다에도 태연하게 뛰어들어 수영을 즐긴다.

차가운 극지 바다에서 사는 생물들은 대부분 동작이 느리다. 단, 체온을 일정하게 유지할 수 있는 포유류나 조류는 차가운 바다에서도 빠른 속도를 유지할 수 있어 먹이를 사냥하는 데 유리하다.

2위 남방코끼리물범

세계에서 가장 큰 물범으로, 몸집이 큰 수컷의 경우 몸무게가 4t이나 된다. 코끼리와 비교할 만한 크기다. 게다가 잠수 능력이 뛰어나 물속에서 2시간이나 견딜 수 있다고 한다.

3위 바다코끼리

입 밖으로 돌출된 한 쌍의 기다란 엄니는 강력한 무기다. 엄니는 살아 있는 동안 계속해서 자라 두껍게 성장하는데, 대형 수컷의 경우 1m를 넘기도 한다.

재미있는 생물 상식
레오파드바다표범

남극 바다에 대량으로 서식하는 플랑크톤이나 크릴새우를 주로 먹고 살지만, 동족이나 물개까지 잡아먹는 남극 바다의 무서운 사냥꾼이다.

방어 기술 1
단단한 몸

최고의 방어력을 갖추기 위해서는 적이 쉽게 뚫을 수 없는 단단한 몸을 지녀야 한다. 딱딱한 등딱지나 껍질, 비늘 등 다양한 갑옷으로 몸을 무장한 생물들을 소개한다.

붉은바다거북

거북의 등딱지는 바다에서도 방어 효과가 높다. 게다가 바닷속에서는 몸이 뜨기 때문에 무거운 등딱지를 등에 지고 있어도 빠르게 헤엄칠 수 있다.

닭새우

갑각류 중에서도 닭새우의 껍질은 매우 두껍다. 게다가 껍질 표면에는 많은 가시가 있어 공격하기가 쉽지 않다.

피라루쿠

세계 최대급 담수어인 피라루쿠는 비늘 1장의 길이가 10㎝ 정도 된다. 게다가 피라냐의 이빨이 부러질 정도로 매우 단단하다.

대표선수 20

날카로운 이빨의 포식자
향유고래

- 파워
- 스피드
- 방어력
- 공격력
- 위험도

수컷끼리의 싸움에서 얻은 상처

 공격 무기

초음파 공격

평소에는 주변의 상태를 탐지하는 데 초음파를 사용하지만, 순간적으로 강한 초음파를 쏘아 먹이를 기절시키기도 한다고 알려져 있다.

공격 무기

세계 최고의 잠수 능력

포유류 중에서 가장 깊이 잠수할 수 있다. 그 깊이가 무려 3000m. 깊은 바다에서 대왕오징어 등을 잡아먹는다.

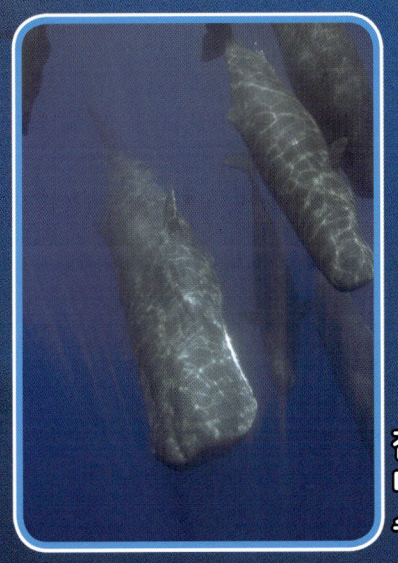

잠수할 때는 머리를 아래로 하고 수직으로 내려간다.

향유고래의 이빨

이빨을 가진 고래 중에서 몸집이 가장 크며, 가장 큰 수컷은 몸무게가 50t이 넘는다. 아래턱에 20개 이상의 크고 뾰족한 이빨이 있다. 수컷들은 암컷을 차지하기 위해 종종 싸우는데, 싸울 때 이빨을 이용해 싸우기 때문에 몸에 상처를 입기 쉽다. 깊은 바다에 잠수해 주로 오징어를 잡아먹지만 심해 상어 같은 대형 물고기를 사냥하기도 한다.

몸길이 11~18m **서식지** 전 세계 난바다

향유고래의 친구들

향유고래와 비슷한 종류의 수중 생물들은 잠수 실력이 뛰어나다. 깊은 바다는 먹이가 적다는 단점이 있지만, 공격해 오는 경쟁자가 적다는 장점이 있다.

몸에 상처가 많다.

민부리고래

향유고래처럼 깊이 잠수하는 고래이다. 실제로 보면 어린아이 같은 귀여운 얼굴을 하고 있지만, 수컷의 경우 싸움으로 생긴 상처가 몸에 많을 정도로 사나운 것도 있다.

몸길이 6.5~7m

서식지 전 세계 난바다

수컷만 아래턱에 한 쌍의 엄니가 있으며, 이것을 무기 삼아 싸운다.

몸길이 1~1.3m
서식지 남극 주변의 바다

황제펭귄

펭귄 중 가장 큰 종으로, 바닷속 500m 이상을 잠수하기도 한다. 평소에는 비교적 얕은 바다에서 생선이나 크릴새우를 잡아먹는다. 레오파드바다표범과 범고래 등이 황제펭귄을 공격하는 천적이다.

웨델바다표범

깊은 바닷속에서 물고기를 잡아먹는데, 수심 600m까지 잠수한 기록이 있다. 겨울에는 육지에 올라오지 않고 얼음 밑을 헤엄치다가, 이빨로 얼음을 깎아 구멍을 내고 수면 위로 얼굴을 내밀어 호흡한다.

몸길이 2.5~3.3m 서식지 남극 주변의 바다

177

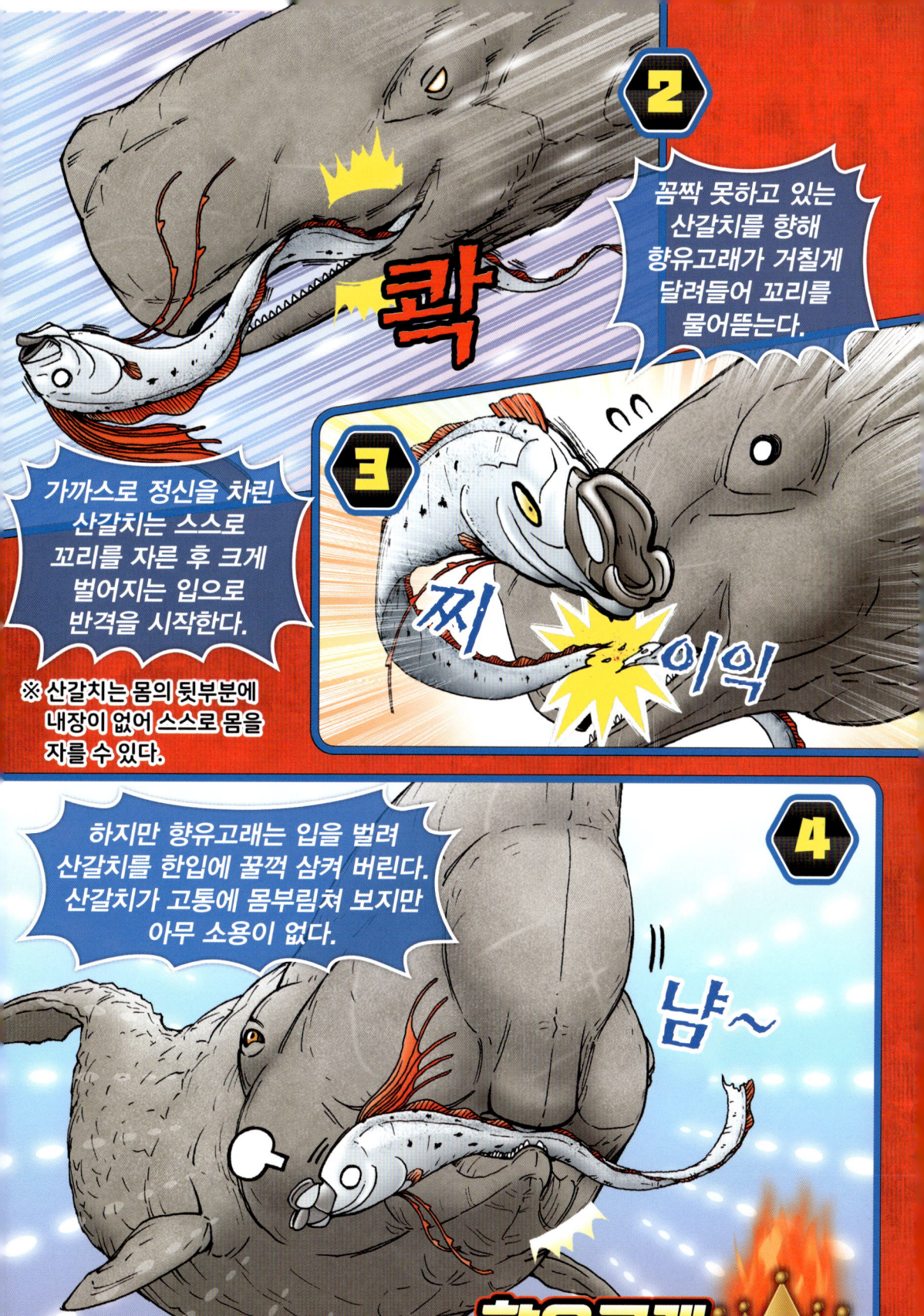

대표선수 21 빛으로 유인하는 바다 사냥꾼 바이퍼피쉬

심해를 떠다니다가 먹잇감을 발견하면 덥석 물어 통째로 삼켜 버리는 무시무시한 물고기다. 입에 한 번 들어온 먹이는 절대로 놓치지 않고 물어뜯는 습성이 있다. 등지느러미가 뒤쪽으로 길게 뻗어 있고 그 끝에서 빛을 발산하는데, 등지느러미를 하늘하늘 흔들어 먹잇감이 빛에 이끌려 다가오도록 유인한다.

몸길이 30~40cm　**서식지** 열대 및 온대 해역

파워 / 스피드 / 방어력 / 공격력 / 위험도

방어 무기
배에서 내뿜는 빛

배 밑에는 빛을 내는 기관인 작은 발광기가 늘어서 있다. 이것은 많이 밝지는 않지만, 밑에서 보았을 때 바이퍼피쉬의 모습을 숨길 수 있는 효과를 낸다고 한다.

공격 무기

길고 뾰족한 엄니

길고 날카로운 엄니를 이용해 먹이를 물어 그대로 목 안으로 밀어 넣는다.

공격 무기

크게 벌어지는 턱관절

긴 엄니를 활용하기 위해 턱관절이 움직이는 범위가 넓다. 뱀처럼 자신보다 굵은 먹이도 통째로 삼킬 수 있다.

깜깜무한 심해에서 빛을 내 사냥한다!

바이퍼피쉬의 친구들

심해에는 바이퍼피쉬처럼 스스로 빛을 내는 생물이 많다. 어두운 심해에서는 희미한 빛이라도 다양한 효과를 낼 수 있다.

턱 밑이 파랗게 빛난다.

철갑둥어

온몸을 덮고 있는 비늘이 크고 갈색 테두리가 있어 솔방울처럼 보인다. 턱 밑이 파랗게 빛난다. 이 빛을 보고 가까이 다가온 새우 등을 잡아먹는다고 한다.

몸길이 10~15cm

서식지 서태평양, 인도양

몸길이 5~7㎝

서식지 열대 및 온대 해역

도끼고기

몸이 매우 얇고 거울처럼 반짝이기 때문에 적에게 잘 발견되지 않는다. 게다가 몸 아랫부분에 있는 발광기는 도끼고기의 그림자를 지워 주는 효과를 낸다. 옆에서 보면 도끼처럼 생겨서 이런 이름이 붙여졌다.

몸 아랫부분에 있는 발광기

쥐덫고기

눈 밑에서 붉은 빛을 내는데, 이 빛으로 붉은 새우나 물고기를 비춰서 잡아먹는다. 아래턱은 살이 없고 뼈만 있어 뻥 뚫려 있지만 먹이를 통째로 삼키는 데는 문제없다.

몸길이 15~24㎝

서식지 태평양, 인도양

빛을 내는 발광기

수중 배틀 22

깊은 바다에서 바이퍼피쉬와 실러캔스가 마주쳤다. 80kg이 넘는 거대한 실러캔스를 상대로 바이퍼피쉬는 어떤 공격을 펼칠까?

오싹한 수중 생물의 대결

홍 바이퍼피쉬 VS **실러캔스 청**

➡ 180쪽

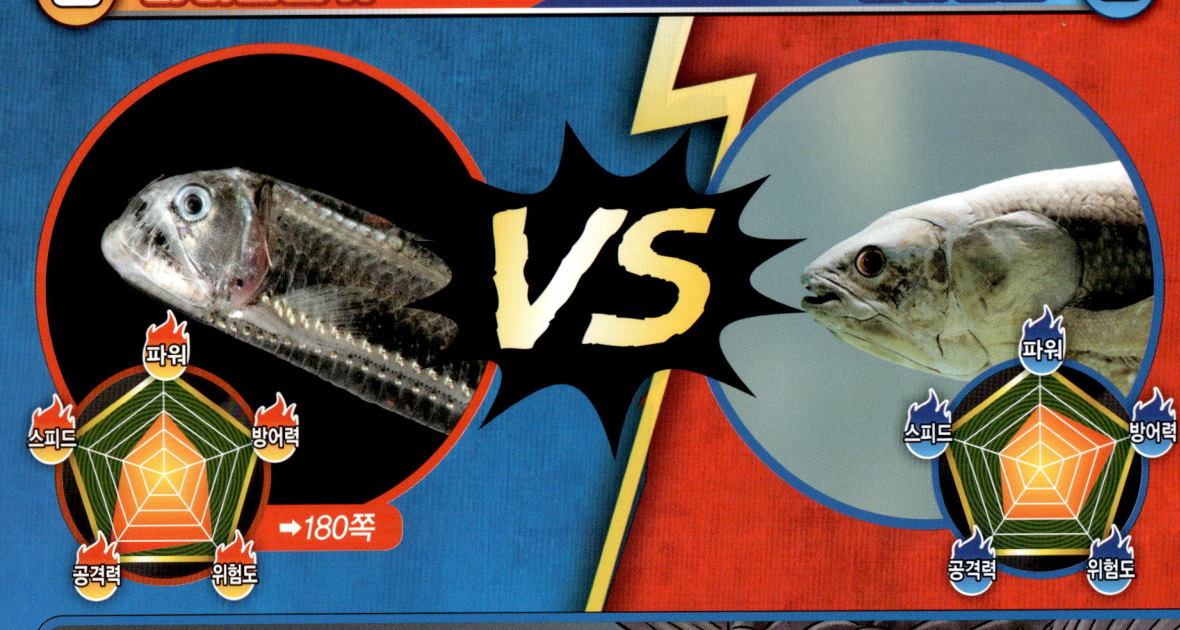

1 머리를 아래로 향한 채 가만히 있던 실러캔스와 바이퍼피쉬가 마주친다.

대표선수 22 살아 있는 화석 주름상어

입속에 끝이 세 갈래로 갈라진 날카로운 이빨이 나 있다.

 공격 무기

날카로운 이빨

몸에 비해 큰 입에는 낚싯바늘 여러 개를 연결해 놓은 것 같은 특수한 형태의 이빨이 300개나 있다. 이 이빨에는 오징어처럼 몸통이 부드러운 먹이도 잘 걸리기 때문에 먹잇감을 공격하는 데 좋은 무기로 사용된다.

스피드

장어처럼 가늘고 긴 몸

지느러미가 작아 가늘고 긴 몸을 구부렸다 펴면서 천천히 헤엄친다. 하지만 꼬리지느러미가 발달하여 순간적으로 돌진하는 힘이 매우 강하다.

날카로운 이빨로 물어 삼킨다!

깊은 바다에 서식하는 고대 상어의 후손으로 알려져 있다. 공룡 시대의 상어 모습을 잘 보존하고 있어 살아 있는 화석이라고 불리기도 한다. 큰 입을 벌려 자신의 몸 절반 이상이나 큰 먹이를 삼킬 수 있다. 아가미 덮개의 수가 다른 상어보다 1장 많은 6장인 것도 원시적인 특징인데, 그 사이로 비치는 살구색 주름이 섬뜩해 보인다.

몸길이 1.5~2m **서식지** 태평양, 대서양

주름상어의 친구들

이번에 소개하는 심해 생물들은 상어의 일종이다. 이들의 간은 크고 발달하여, 뜨고 가라앉는 것을 조절하는 부레 역할을 한다.

그린란드상어

추운 바닷속에서 시속 1km의 아주 느린 속도로 헤엄쳐 다닌다. 매우 오래 사는 생물로 알려져 있으며, 400년 이상을 살았다는 놀라운 기록도 있다.

- 몸길이 5~6m
- 서식지 북대서양

마귀상어

몸길이 2.5~3.5m **서식지** 열대 및 온대 해역

개체 수가 매우 적은 희귀 상어이다. 다른 상어들과 다르게 코끝이 길며, 이마의 돌출 부분에는 전기를 감지하는 센서가 있어 먹이를 발견하는 데 도움이 된다.

카이트핀상어

피부가 단단하고 꺼끌꺼끌하며 갑옷처럼 튼튼하다. 간에 지방이 축적되어 있는 덕분에 계속 헤엄치지 않아도 가라앉지 않는다.

몸길이 1~1.4m **서식지** 열대 및 온대 해역

수중 배틀 23

대왕모래무지벌레와 주름상어의 대결! 갑옷 같은 단단한 피부와 커다란 입의 대결이 될 것이다.

심해 괴수의 대결

홍 주름상어 VS **대왕모래무지벌레 청**

➡186쪽　　　200쪽⬅

① 주름상어가 입을 크게 벌린 채 다가가 대왕모래무지벌레를 삼키려고 한다.

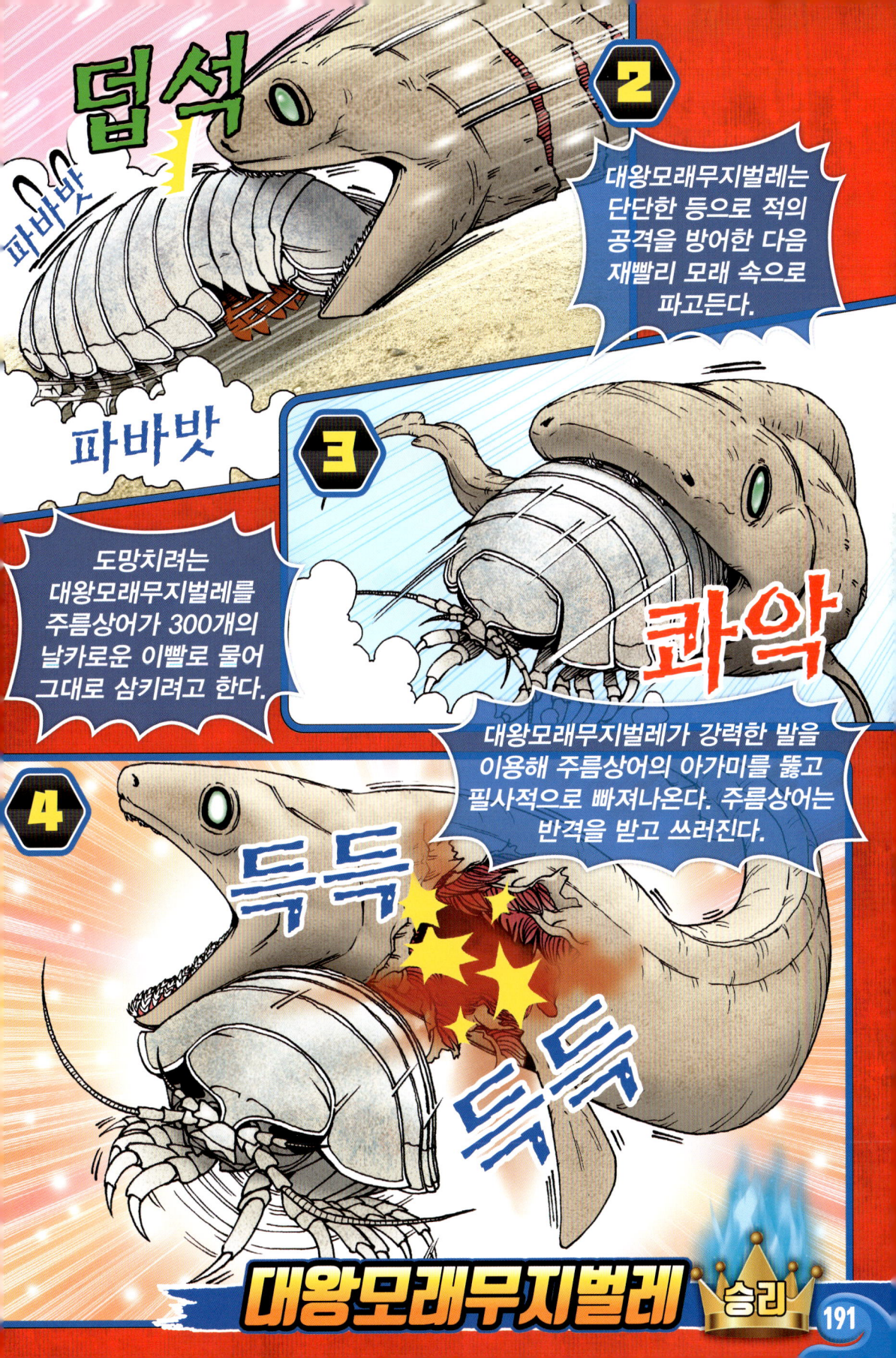

대표선수 23 — 조이기 기술의 왕

대왕오징어

- 파워
- 스피드
- 방어력
- 공격력
- 위험도

 **방어 무기**

농구공 크기의 눈

동물들 중에서 눈이 가장 크며, 그 지름이 40㎝나 된다고 한다. 이 큰 눈으로 천적인 향유고래가 다가올 때 생기는 물결을 감지할 수 있다고 한다.

 **공격 무기**

10개의 길고 굵은 다리

다리의 굵기가 사람의 팔보다 굵은데다 근육 덩어리여서 조이는 힘이 매우 세다. 다리 가운데 유난히 기다란 한 쌍의 다리가 있는데, 이것은 짝짓기를 할 때 사용한다.

모두 성장하고 나면 몸무게가 1t이 넘는 세계 최대급 오징어다. 깊은 바다를 떠돌면서 긴 다리로 물고기나 오징어를 잡아먹는다. 몸집이 매우 크지만 천적인 향유고래에게 먹히는 경우도 많다. 향유고래의 머리에 빨판에 할퀸 흔적이 많이 남아 있는데, 이것은 대왕오징어가 향유고래에게 잡아먹힐 때 필사적으로 저항했다는 증거이다.

몸길이 6~12m　　**서식지** 열대 및 아한대 해역

 공격 무기

강력한 빨판
빨판의 가장자리에는 꺼끌꺼끌한 이빨 같은 돌기가 있어서 단순히 달라붙기만 하는 것이 아니라 단단히 물 수도 있다.

적의 숨통을 조이기 기술로 끊는다!

대왕오징어의 친구들

오징어와 문어들 중에는 깊은 바다에 사는 개체들이 많고, 형태가 특이하게 생긴 개체들도 많다.

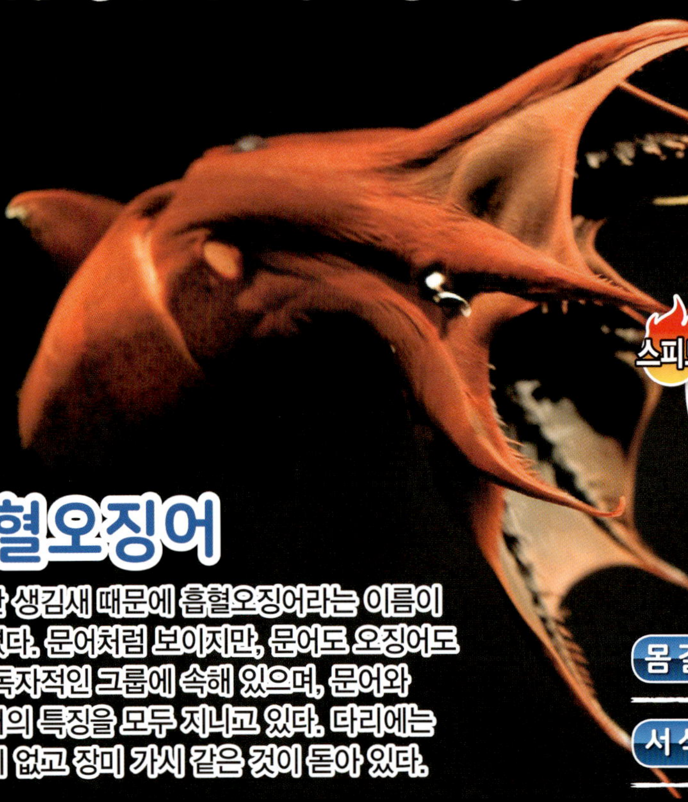

흡혈오징어

오싹한 생김새 때문에 흡혈오징어라는 이름이 붙여졌다. 문어처럼 보이지만, 문어도 오징어도 아닌 독자적인 그룹에 속해 있으며, 문어와 오징어의 특징을 모두 지니고 있다. 다리에는 빨판이 없고 장미 가시 같은 것이 돋아 있다.

몸길이 15~30cm

서식지 열대 및 온대 해역

긴팔오징어

헤엄을 칠 수 있는 힘이 거의 없다. 눈 주변이나 다리에 발광기가 있어서, 자신의 그림자를 감출 수 있는 덕분에 적에게 잘 발각되지 않는다고 한다.

몸길이 20~25cm   서식지 서태평양

아메리카대왕오징어

큰 무리를 지어 생활하면서 빠른 속도로 헤엄쳐 물고기나 오징어를 잡아먹는다. 몸의 색을 붉은색이나 흰색으로 조금씩 바꿀 수 있는 놀라운 능력이 있어 '붉은 악마'로 불린다고 한다.

몸길이 80~150㎝

서식지 동태평양

우무문어

다리와 다리 사이의 막이 길게 늘어져 낙하산 같은 형태를 하고 있다. 깊은 바다의 바닥에 찰싹 달라붙어 진흙 속에서 먹잇감을 찾아내 잡아먹는다.

몸길이 15~20㎝   **서식지** 북태평양

대표선수 24 커다란 괴물 게
태즈매니아킹크랩

몸의 색깔이 빨간색과 흰색의 표범 무늬를 띠고 있다.

조금 깊은 바닷속에 사는 커다란 게다. 등딱지와 집게발의 크기가 게 중에서 가장 크며, 몸무게가 17kg이 넘는 것도 발견되었다. 수컷은 암컷 크기의 2배 정도 더 크다. 바다의 밑바닥에서 살면서, 행동이 느린 불가사리나 동물의 사체를 먹는다. 나이가 들면서 몸집이 커지지만, 30년 이상을 살기 때문에 성장이 매우 느리다.

몸길이 40~45㎝　**서식지** 오스트레일리아 남부의 조금 깊은 바다

공격 무기

힘을 상징하는 검은 집게발

한쪽 집게발이 매우 크다. 큰 집게발로 먹이를 부수고 작은 집게발로 먹이를 입으로 가져간다.

방어 무기

두꺼운 껍데기

갑각류 중에서도 껍데기의 두께가 매우 두꺼운 편이다. 맛이 좋기 때문에 *식용으로 쓰이지만, 두꺼운 껍데기는 망치를 이용해도 깨기가 쉽지 않다고 한다.

*식용: 먹을 것으로 씀. 또는 그런 물건.

태즈매니아킹크랩의 친구들

이번에 소개하는 수중 생물들은 모두 깊은 바다에서 살고 있으며, 괴이한 모습을 하고 있는 매우 흥미로운 생물들이다.

대왕모래무지벌레

공벌레나 갯강구 종류 중 세계에서 가장 크다. 깊은 바닷속에서 동물의 사체를 먹고 살지만, 먹이를 먹지 않고도 몇 년 동안 살 수 있을 만큼 생존 능력이 강하다.

- 몸길이 20~40cm
- 서식지 서대서양의 깊은 바다

예티크랩

깊은 바다 밑, 다른 생물들은 살기 어려운 극한 환경에서만 산다고 알려진 소라게다. 흰색 털로 덮여 있는 모습이 마치 히말라야산맥에 나타난다고 알려져 있는 설인(예티)의 모습과 비슷해 이런 이름이 붙여졌다.

- 몸길이 14~16cm
- 서식지 동태평양의 깊은 바다

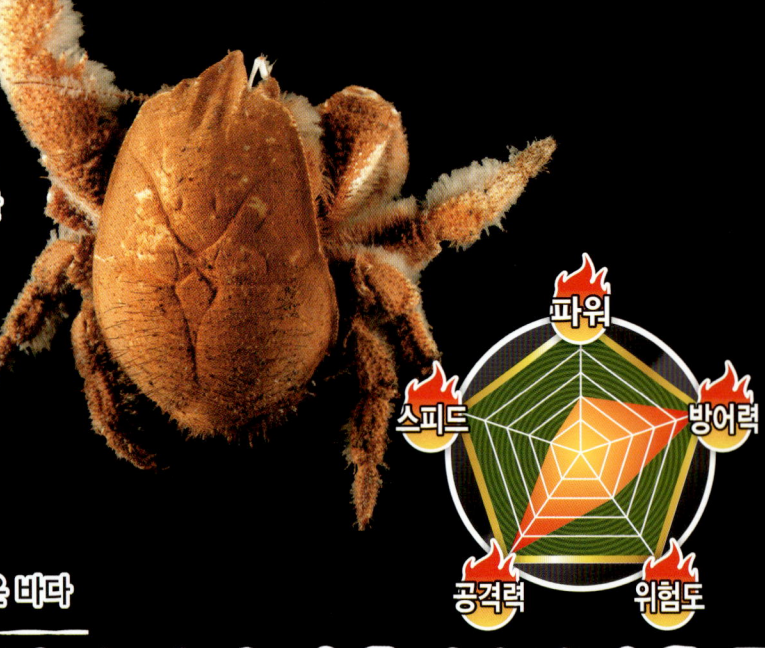

거미게

몸길이	30~40cm
서식지	일본과 대만의 깊은 바다

긴 다리를 벌린 최대 가로 너비가 3.8m나 되는 것도 있다. 이것은 절지동물 중에서도 최대급이라고 한다. 집게발의 힘이 매우 강해 조개껍데기를 부수고 속살을 파먹는다.

왕게

대형 소라게로, 식용으로 인기가 많다. 몸이 짧고 단단한 가시로 덮여 있어 다른 동물로부터 자신을 보호하는 방어 기술이 뛰어나다.

몸길이	17~25cm
서식지	태평양의 차가운 바다

수중 배틀 25

큰 이빨로 물어 먹이를 삼키는 귀신고기의 공격을 태즈매니아킹크랩의 두꺼운 갑옷이 견딜 수 있을지 지켜보자.

갑옷과 칼날의 대결

홍 태즈매니아킹크랩　　　　　귀신고기 **청**

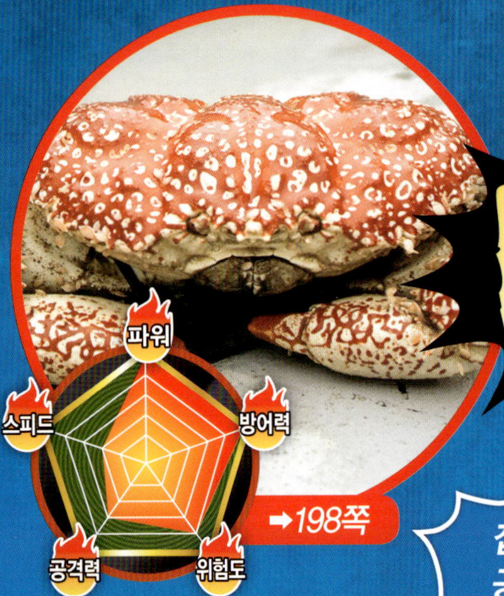

VS

➡198쪽

집게발을 들고 먼저 공격을 시도한 쪽은 태즈매니아킹크랩이다.

1

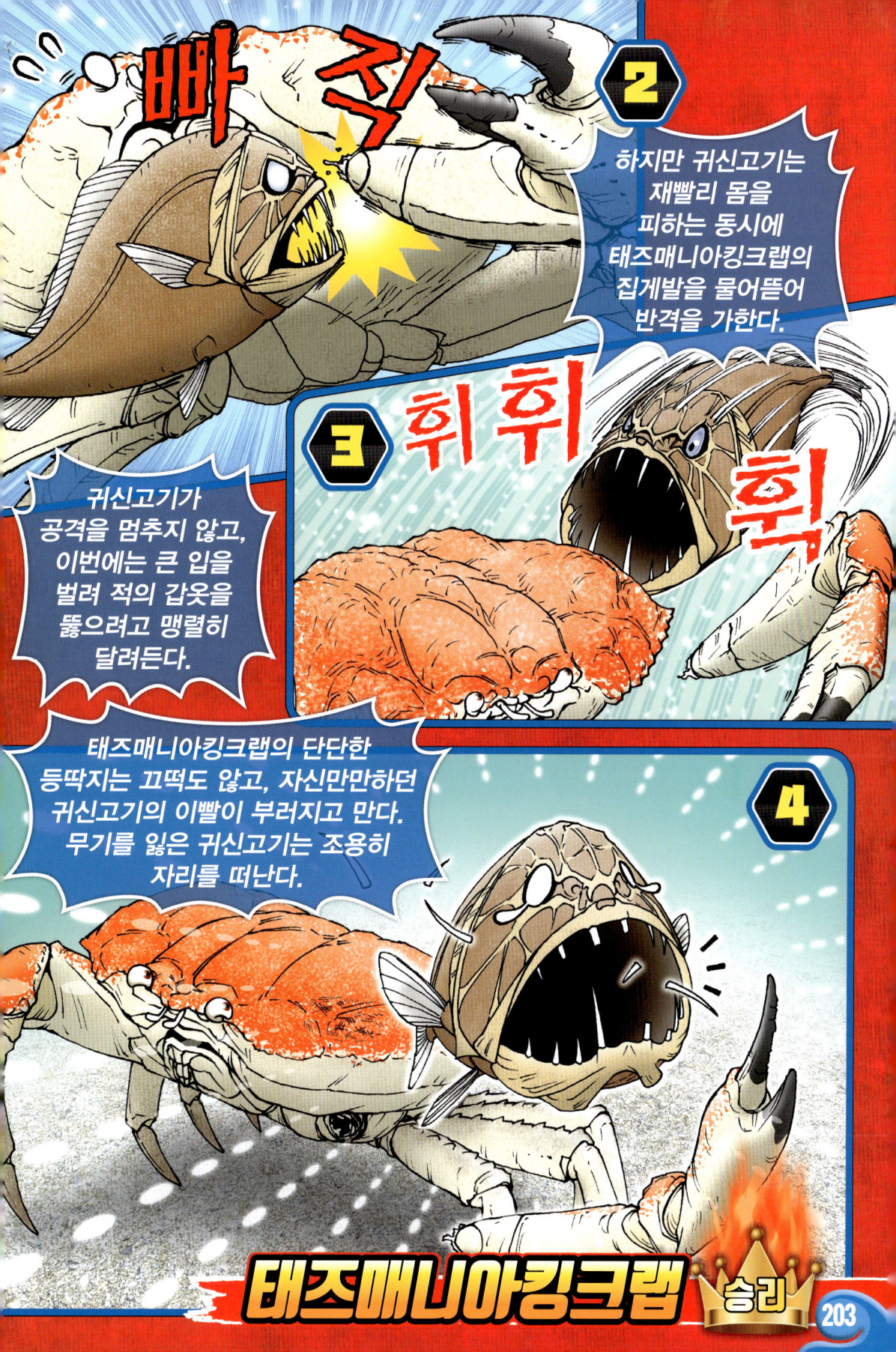

심해 생물 최강 랭킹

1위 향유고래

향유고래는 폐 호흡을 하기 때문에 숨을 쉬기 위해 수면으로 올라오곤 하지만, 사냥을 위해서는 바다 깊이 잠수한다. 최고 3000m의 깊이까지 잠수를 할 수 있으며, 이는 포유류 중 최고라고 한다.

심해 생물이라고 하면, 대체로 수심 200m보다 깊은 바다에서 생활하는 생물들을 가리키는 경우가 많다. 5장에 등장하는 심해 생물 가운데 최고의 생물들은 누구일까? 영광의 1위부터 3위까지 소개한다.

2위 그린란드상어

깊은 바닷속 바닥에서 좀처럼 움직이지 않고 살아가는 상어다. 움직임은 굼뜨지만 식욕은 왕성해서 입에 들어온 것이라면 물고기든, 바다표범이든, 동물의 사체든 모조리 먹어 치운다.

3위 태즈매니아킹크랩

등딱지와 집게발의 크기가 게 중에서 가장 크며, 돌처럼 단단한 껍데기를 가진 게다. 완전히 성장하면 무적이 된다. 게다가 다리가 떨어져 나가도 탈피를 하면 작은 다리가 다시 자라난다.

재미있는 생물 상식
대왕모래무지벌레

깊은 바닷속에서 죽은 생물을 찾아 바닥을 돌아다닌다. 등은 단단한 갑옷으로 덮여 있기 때문에 방어력이 뛰어나고, 몇 년 동안 먹이를 먹지 않아도 살 수 있을 만큼 생존력이 매우 강하다.

방어 기술 2
공생 관계

생물들 중에는 다른 종류의 생물과 함께 살면서 이익을 얻는 공생 관계의 생물들이 있다. 공생 관계를 통하여 자신의 몸을 보호하고 함께 어울려 살아가는 생물들을 소개한다.

흰동가리 & 말미잘

바닷속에는 말미잘의 독을 두려워하는 생물이 많다. 하지만 흰동가리는 말미잘의 독에 저항력이 있기 때문에 말미잘을 안전한 집으로 삼는다.

딱총새우 & 문절망둑

딱총새우는 눈이 그다지 좋지 않다. 그래서 구멍을 파는 건 서툴지만 눈이 좋은 문절망둑에게 망을 보게 하고, 자신은 집을 만든다.

박싱새우 & 곰치

박싱새우는 곰치의 몸에 달라붙는 기생충을 먹어 주기 때문에 곰치는 박싱새우를 공격하지 않는다. 박싱새우는 곰치 옆에 있으면 다른 물고기의 표적이 되지 않아 안전하다.

오싹한 강·호수 생물

강, 호수, 연못의 물은 염분(소금기)이 거의 없는 담수이다.
담수는 해수(바닷물)와 많이 다른 환경이지만,
수중 생물들 중에는 강과 바다를 오가며 생활하는 생물도 있다.
끈적끈적 늪에는 어떤 생물이 살고 있는지도 살펴보자.

대표선수 25

피 냄새를 쫓는 물고기
나테리피라냐

⚔️ 공격 무기

냄새에 민감한 코

탁한 강에 사는 경우가 많아 시각보다 후각이 발달했다. 피 냄새를 맡게 되면 무리 전체가 흥분하여 평소라면 먹지 못할 큰 동물에게도 달려든다.

남아메리카 북부에 있는 아마존강에 서식하는 피라냐의 일종이다. 피라냐 종류 중에서 가장 유명한 나테리피라냐는 집단으로 먹이를 공격하는 육식 물고기이다. 실제로는 겁이 많다고 하나, 공격적인 면이 과장되어 무시무시한 물고기로 알려져 있다. 크기가 그다지 크지 않고 붉은 배가 아름다워 관상용으로 판매하기도 한다.

몸길이 30~35㎝ **서식지** 남아메리카의 강

입을 벌리면 날카로운 이빨이 여러 개 보인다.

뾰족한 이빨

삼각형의 뾰족한 이빨은 사람의 손가락을 물어뜯을 수 있을 정도로 날카롭지만, 기본적으로 겁이 많기 때문에 보통은 자기보다 큰 생물에게는 달려들지 않는다.

나테리피라냐의 친구들

이번에 소개하는 수중 생물들은 아마존강에서 서식하는 담수어(민물고기)들로, 모두 몸집이 큰 육식 물고기에 속한다.

골든도라도

금빛으로 번쩍이는 비늘이 전설 속 황금의 나라 엘도라도를 생각나게 하는 물고기다. 성격이 매우 공격적이고 힘이 세다.

몸길이 80~100cm　서식지 남아메리카의 강

전기뱀장어

사람이 감전되어 죽을 정도의 강한 전기를 발생시킬 수 있는 물고기다. 작은 물고기를 잡거나 악어 등의 적으로부터 몸을 지키는 데 전기를 사용한다.

몸길이 1~2m

서식지 남아메리카의 강

- 몸길이 2~3m
- 서식지 남아메리카의 강

피라루쿠

세계 최대급 담수어로, 3m를 넘는 피라루쿠도 있다. 몸에 비해 입이 작아서 작은 물고기를 잡아먹는다. 수면 위로 점프했다가 보트에 몸통 박치기 공격을 하여 보트를 가라앉히기도 한다.

실버아로와나

입이 위쪽을 향하고 있어 수면에 떨어진 곤충 등을 먹을 수 있다. 물 위로 튀어 올라 새나 박쥐를 잡는 등 점프력이 매우 뛰어나다.

- 몸길이 70~100cm
- 서식지 남아메리카의 강

수중 생존 전략

피라냐는 겁이 많기 때문에 혼자 있을 때는 강한 힘을 발휘하지 못한다고 한다.
혼자 있을 때는 큰 동물에게 공격을 받기 쉬워 무리를 지어 다니면서 다른 동물을 공격한다.

물새 공격

물가의 동물들이 상처를 입고 피를 흘리면 강물 속으로 피가 퍼져 나간다. 피라냐는 냄새에 민감해서 이 피 냄새를 맡고 모여든 후 무리를 지어 공격한다.

① 피 냄새를 맡고 모여든다!

2 적에게 공격받다!

악어의 공격 | 피라냐카이만은 피라냐를 즐겨 먹는 악어다. 물속에 숨어 있다가 먹이가 눈앞을 지나가면 순간적으로 덮친다. 피라냐도 헤엄치는 속도가 빠르지만, 악어가 있는 것을 눈치채지 못하면 잡아먹히고 만다.

수달의 공격 | 물가에 가족 단위로 살고 있는 자이언트수달은 몸길이가 1.4m나 되는 대형 사냥꾼이다. 피라냐를 앞발로 단단히 잡고 머리부터 뼈째 씹어 먹는다.

피라냐

3 적에게 통째로 잡아먹히다!

수중 배틀 26

누렇고 혼탁한 강에서는 앞이 잘 보이지 않는다. 아마존강돌고래는 초음파로, 피라냐는 냄새로 상대를 감지한다.

아마존강의 대결

홍 아마존강돌고래 VS 나테리피라냐 **청**

208쪽 ←

① 아마존강돌고래가 혼탁한 강 속을 헤엄치면서 초음파를 이용해 피라냐를 찾는다.

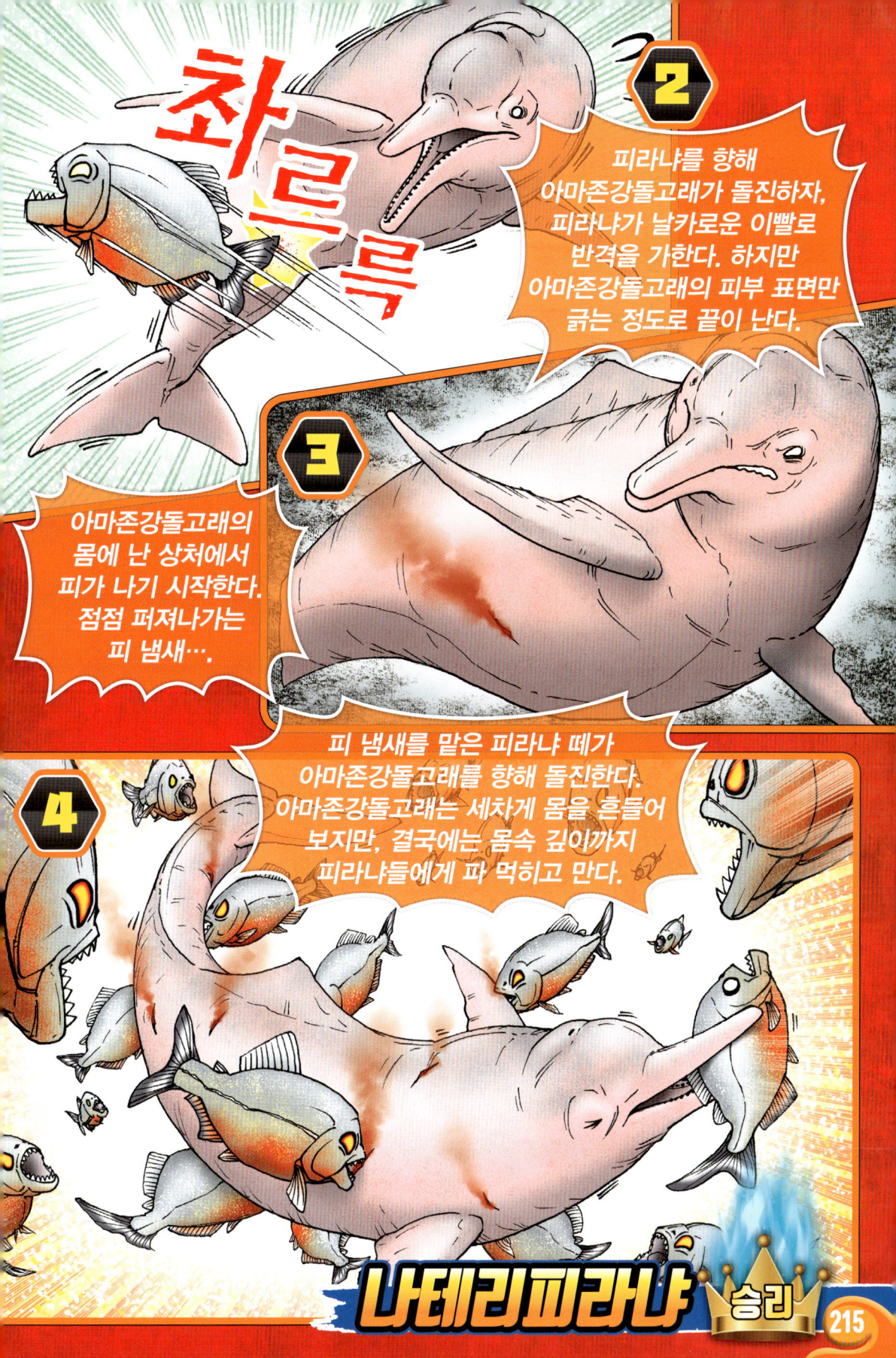

대표선수 26
단단한 비늘 갑옷
앨리게이터가아

파워
스피드
방어력
공격력
위험도

 공격 무기

날카로운 이빨이 가득한 기다란 입

입이 가늘고 길기 때문에 물의 저항을 적게 받아 빠르게 헤엄칠 수 있다. 먹잇감을 발견하면 빠른 속도로 헤엄쳐 다가가서 날카로운 이빨로 공격한다.

방어 무기

몸을 보호하는 단단한 비늘

*굳비늘이라는 매우 단단한 비늘이 온몸을 빼곡히 덮고 있다. 이 비늘은 칼도 잘 들지 않을 정도로 단단하기 때문에 몸을 보호하는 최고의 방어 무기이다.

북아메리카의 강에서 가장 크고 가장 강한 물고기로, 악어처럼 육식을 한다. 긴 입을 휘둘러 물고기나 새우 등을 잡아먹는데, 기다랗게 생긴 입 속에는 날카로운 이빨이 나 있다. 하지만 흉악한 외모와 달리 의외로 성격이 온순하다고 한다. 단, 힘이 강해 낚아 올릴 때 다칠 수도 있으니 조심해야 한다. 담수어에 속하지만 바다에서 사는 것도 있다.

몸길이 1~2m　　**서식지** 북아메리카의 강과 호수

*굳비늘: 표면이 단단하며 광택이 있는, 네모난 판자 모양의 물고기 비늘.

앨리게이터가아의 친구들

이번에 살펴볼 수중 생물들은 공룡 시대부터 거의 모습이 변하지 않고 살아남은 어종이다. 대부분 담수에 살며 몸이 가늘고 길다.

철갑상어

상어라는 이름과 달리 실제로는 상어와 관련 없는 어종이다. 상어는 연골어류지만, 철갑상어는 경골어류에 속한다. 비늘을 벗기면 하나하나가 마름모꼴 판자 모양을 하고 있다. 이빨이 없고 동물성 플랑크톤을 먹는다.

- 몸길이 1~2m
- 서식지 북아메리카 및 유럽의 강과 바다

강꼬치고기

물고기 외에 개구리나 쥐 등을 잡아먹는 매우 포악한 물고기로 알려져 있다. 먹잇감이 나타나면 빠르게 달려들어 먹이를 잡는 돌진력을 지니고 있다.

- 몸길이 1~1.3m
- 서식지 북아메리카 및 유럽의 강과 호수

주걱철갑상어

입을 벌리고 헤엄치면서 플랑크톤을 먹는다. 위턱의 끝이 주걱처럼 평평하고 기다랗다. 하지만 기다란 입이 무엇에 쓰이는지는 확실치 않은 수수께끼의 물고기다.

몸길이 1~2m **서식지** 북아메리카의 강

아미아칼바

수초 사이에 숨어 있다가 물고기나 가재 등을 잡아먹는다. 입속에 가느다란 이빨이 많이 나 있지만, 먹이는 물과 함께 들이마셔 통째로 삼킨다.

몸길이 50~70cm

서식지 북아메리카의 강과 호수

수중 배틀 27

이번 배틀은 하천이나 늪에 사는 비버와 앨리게이터가아의 대결이다. 두 생물 모두 강력한 이빨이 공격 무기가 될 것이다.

강력한 이빨 대결

홍 **앨리게이터가아** VS **비버** 청

➡216쪽

1 헤엄을 치며 나뭇가지를 운반하고 있는 비버의 꼬리를 앨리게이터가아가 힘껏 문다.

덥석!

대표선수 27 공포의 큰 입
큰입우럭(큰입배스)

파워
스피드
방어력
공격력
위험도

🛡 **방어 무기**

튼튼한 몸

몸이 단단한 수컷이 둥지를 짓고 알을 지키기 때문에, 다른 물고기의 공격을 받지 않고 안전하게 부화하여 성어로 자랄 수 있다.

공격 무기

모든 것을 흡입하는 큰 입

큰 입을 벌려 수생 곤충과 물고기, 새우 등 다양한 먹이를 잡아먹는다. 물가에 다가온 쥐나 작은 새까지 잡아먹기도 한다.

이름에 어울리는 커다란 입을 가지고 있다.

북아메리카가 원산인 블랙배스의 일종이다. 원래 한국이나 일본에는 없는 종이었지만 동일종인 작은입우럭과 함께 *방류되어 그 수가 늘고 있다. 육식성으로 다른 물고기를 잡아먹으며, 성격이 공격적이고 번식력이 뛰어나다. 다 자란 성어는 몸이 매우 탄탄해 다른 물고기들이 쉽게 공격하지 못한다.

몸길이 30~60cm   **서식지** 북아메리카의 강과 호수

*방류: 고기를 강물에 놓아 보냄.

큰입우럭의 친구들

이번에 소개하는 물고기들은 강과 연못에 사는 대형 사냥꾼으로, 외국에서 들어와 한국이나 일본 등에 자리를 잡은 외래종이 많다.

파랑볼우럭

블루길, 넓적붕어라고도 불린다. 성어는 큰입우럭에게 잡아먹히지만, 파랑볼우럭은 물고기의 알을 좋아하기 때문에 큰입우럭의 둥지를 노려 알을 먹기도 한다. 이런 면에서는 큰입우럭의 천적이라고 할 수 있다.

- **몸길이** 20~30㎝
- **서식지** 북아메리카의 연못과 호수

작은입우럭

큰입우럭의 일종이며, 물이 차고 깨끗한 강에 산다. 곤충이나 개구리를 잡아먹는 육식성 물고기로, 몇몇 나라에 유입되어 그 나라의 어종을 위협하고 있다고 한다. 큰입우럭에 비해 입은 작지만, 몸의 크기는 비슷하다.

- **몸길이** 30~50㎝
- **서식지** 북아메리카의 강

몸길이 40~60㎝

서식지 동아시아의 연못과 강

메기

머리가 넓적하고 입이 매우 크며 긴 수염이 있다. 모래 바닥을 천천히 헤엄쳐 다니면서 긴 수염으로 먹이를 찾는다. 작은 물고기나 개구리 등을 발견하면 큰 입으로 꿀꺽 삼켜 버린다.

파워 / 스피드 / 방어력 / 공격력 / 위험도

가물치

가늘고 긴 미꾸라지처럼 생긴 가물칫과의 민물고기다. 흐르지 않는 연못이나 저수지 등의 탁하고 물풀이 무성한 물에 산다. 아가미로만 호흡하는 다른 물고기들과 달리 공기로 호흡할 수 있는 호흡 기관이 있다.

몸길이 40~70㎝

서식지 동아시아의 연못과 강

수중 생존 전략

강과 호수에서 물고기나 수생 곤충을 모조리 먹어 치우는 큰입우럭 때문에 생물들의 수가 줄어드는 문제가 생기기도 한다. 하지만 이렇게 강한 큰입우럭도 천적을 만나면 꼼짝없이 당하고 만다.

왜가리의 공격

몸길이 1m가 넘는 대형 왜가리는 큰입우럭을 통째로 삼킨다. 큰입우럭의 원래 서식지인 미시시피강 유역에는 악어나 독수리 등 큰입우럭을 노리는 적이 많다.

1 적에게 공격당하다!

수중 배틀 28

악어거북은 턱 힘이 매우 강하여 사람의 손가락을 물어뜯어 심한 상처를 입히기도 한다. 누가 연못을 지배하는 승자가 될 것인가?

커다란 입과 단단한 입의 대결

홍 큰입우럭 VS **악어거북 청**

➡222쪽　249쪽⬅

1

큰입우럭이 지렁이를 발견하고 잡아먹기 위해 다가간다.

대표선수 28
무적의 턱 공격
자치

파워 / 스피드 / 방어력 / 공격력 / 위험도

🛡 방어 무기

튼튼한 피부

피부가 두꺼워 칼로도 잘 썰리지 않는다. 옛날 일본에서는 사람들이 자치의 껍질을 말려 옷이나 구두의 재료로 삼았다고 한다.

몸길이가 1m 넘고, 몸무게가 45kg이나 되는 커다란 담수어(민물고기)다. 연어의 일종으로 몸이 가늘고 길다. 수명은 약 20년 정도로 긴 편이지만, 성장이 느려 몸길이가 1m가 되는 데 15년이나 걸린다고 한다. 모두 성장하면 대부분 바다와 강을 오가며 생활한다. 일본에서는 현재 홋카이도 일부에만 서식하기 때문에 '환상의 물고기'라고 불린다고 한다.

몸길이 1~1.5m　**서식지** 한국, 일본 등지의 강과 바다

공격 무기

매우 힘센 턱

완전히 성장하면 서식하고 있는 강에서 무적의 존재가 될 만큼 강해진다. 특히 턱의 힘이 매우 세기 때문에 물고기나 개구리 외에도 물가에 접근한 뱀이나 쥐를 먹을 수 있다.

뱀을 잡아먹는 무적의 민물고기!

자치의 친구들

이번에 살펴볼 물고기들은 모두 연어의 일종이다. 주로 강에서 사는 민물고기에 속하며, 사람들이 먹을 수 있는 식용으로 인기가 많다.

무지개송어

수컷 무지개송어는 번식기가 되면 아주 멋진 무지개 색 빛을 낸다. 기본적으로 담수에서 서식하지만 바다에서도 살 수 있고, 곤충과 새우 등을 탐욕스럽게 잡아먹는다고 알려져 있다.

- **몸길이** 40~60㎝
- **서식지** 북아메리카 서부에서 러시아 동부의 강

몸길이 20~70㎝

서식지 동아시아의 강과 바다

곤들매기

수생 곤충과 물고기를 잡아먹는 강의 사냥꾼으로 소문나 있다. 곤들매기 중 일부는 2~3세가 되면 바다로 이동해 살면서 많은 양의 물고기를 먹고 거대해진다고 한다.

산천어

수면 위로 떨어진 나방과 풍뎅이, 강바닥에 숨어 있는 잠자리와 하루살이의 *유충을 먹기 때문에 곤충들의 무시무시한 천적으로 알려져 있다. 바다로 가서 몸집이 커진 산천어는 송어라고 불린다.

*유충: 알에서 나온 후 아직 다 자라지 아니한 벌레.

몸길이 20~70㎝   **서식지** 한국, 일본 등지의 강과 바다

수중 생존 전략

자치는 몸이 크기 때문에 적에게 공격당하는 일이 거의 없다. 그리고 강바닥에서 작은 물고기를 잡아먹기 때문에 먹잇감과 치열하게 싸우는 일도 거의 없다. 하지만 번식기에는 수컷끼리의 싸움이 매우 심하다고 한다.

번식 방법
성장하면서 바다로 이동하지만, 산란 시기가 되면 다시 강 상류로 거슬러 올라가 산란한다. 하지만 요즘에는 댐이 있는 강이 많아져서 산란하기가 어려워지고 있다. 다른 연어 종류와 달리 일생에 여러 차례 산란을 한다.

산란 시기가 되면 몸의 색이 붉게 변하며, 이 색을 혼인색이라고 한다.

1 강을 거슬러 오른다!

2 수컷끼리 싸움을 한다!

싸움에서 이긴 수컷은 암컷과 짝을 이룰 수 있다.

산란 방법

번식기의 수컷들은 몸이 새빨갛게 변하고 암컷을 사이에 두고 싸운다. 보통 몸통 박치기를 하면서 싸우기 때문에 대부분 몸이 큰 개체가 이긴다. 짝이 정해지면 암컷은 강바닥을 파고 알을 낳은 뒤 자갈을 얹어 다시 묻는다.

수중 배틀 29

몸집이 큰 자치에게 도전장을 내민 상대는 갯가마우지다. 갯가마우지는 물속으로 잠수해 물고기를 통째로 삼키는 무시무시한 새다.

새와 물고기의 대결

홍 갯가마우지 VS **자치 청**

230쪽←

① 갯가마우지가 자치를 발견하고는 물속으로 뛰어든다. 적의 공격을 눈치 채고 도망가는 자치.

대표선수 29
공포의 집게발
미국가재

- 파워
- 스피드
- 방어력
- 공격력
- 위험도

◀◀◀ 스피드

꼬리를 말고 후퇴

앞으로 이동할 때는 천천히 걷지만,
적을 발견하고 도망칠 때는 꼬리를
한껏 구부려 말고는 뒤쪽으로 달아난다.

몸통이 검붉고 다리는 선홍색을 띠는 가재 종류이다. 집게발은 적을 공격할 때 사용하고, 온몸을 덮은 단단한 껍데기는 방어 무기로 쓰인다. 원래 일본에 서식하는 종이 아니었는데, 황소개구리의 먹이로 수입됐다가 지금은 일본 전역에 퍼져 있다. 논에서는 벼를 잘라 먹거나 논두렁에 구멍을 내기 때문에 농가에서는 싫어하는 생물이다.

몸길이 8~14㎝　**서식지** 아메리카, 동남아시아 등지의 연못과 강

붉은 적을 집게발로 공격하라!

공격 무기

커다란 집게발

몸에 비해 매우 큰 집게발은 먹이를 잡아 입으로 가져갈 수 있다. 적에게 공격받았을 때는 두 개의 집게발을 치켜들고 위협한다.

집게발을 치켜들어 적을 위협하고 있다.

미국가재의 친구들

이번에 만나 볼 생물들은 민물에 사는 갑각류이다. 이들은 저수지나 논, 물을 내보내는 수로에 나타나기도 한다.

동남참게

강에서 살지만 산란할 때는 바다로 이동한다. 수컷의 대형 집게발에는 복슬복슬 털이 나 있는데, 이 멋진 집게발로 암컷들의 관심을 끈다고 한다.

몸길이 7~8㎝

서식지 서태평양의 연안과 강

몸길이 8~10㎝

서식지 한국, 중국, 일본 등지의 강

징거미새우

수컷은 앞에서 두 번째 다리가 몸길이보다 훨씬 길다. 이 다리를 이용해 수컷끼리 싸우거나 먹이를 입으로 가져가는 등 사람의 손처럼 사용한다. 자기 영역에 들어온 생물에게는 싸움을 걸어 내쫓는다.

풍년새우

민물에 사는 새우로, 몸이 가늘고 단단한 갑각이 없다. 물이 적고 물고기가 살 수 없을 것 같은 논이나 물웅덩이에서 산다. 풍년새우의 알은 가뭄과 추위에 강하여 바삭하게 말라도 물에 넣으면 부화한다.

몸길이 15~20㎜

서식지 동아시아의 논

수중 생존 전략

미국가재는 자신과 비슷한 크기의 생물과 싸울 때는 대부분 승리하지만, 왜가리나 황소개구리, 큰입우럭 등 대형 천적이 나타나 공격하면 목숨을 잃기도 한다.

진화를 거듭하는 몸

몸이 성장해도 온몸을 덮고 있는 단단한 껍질은 성장하지 않기 때문에 탈피를 하지 않으면 몸이 성장할 수 없다. 막 탈피를 마친 몸은 매우 연약해 방어력이 크게 떨어지므로, 이때 다른 가재에게 잡아먹히기도 한다.

1 탈피하며 성장한다!

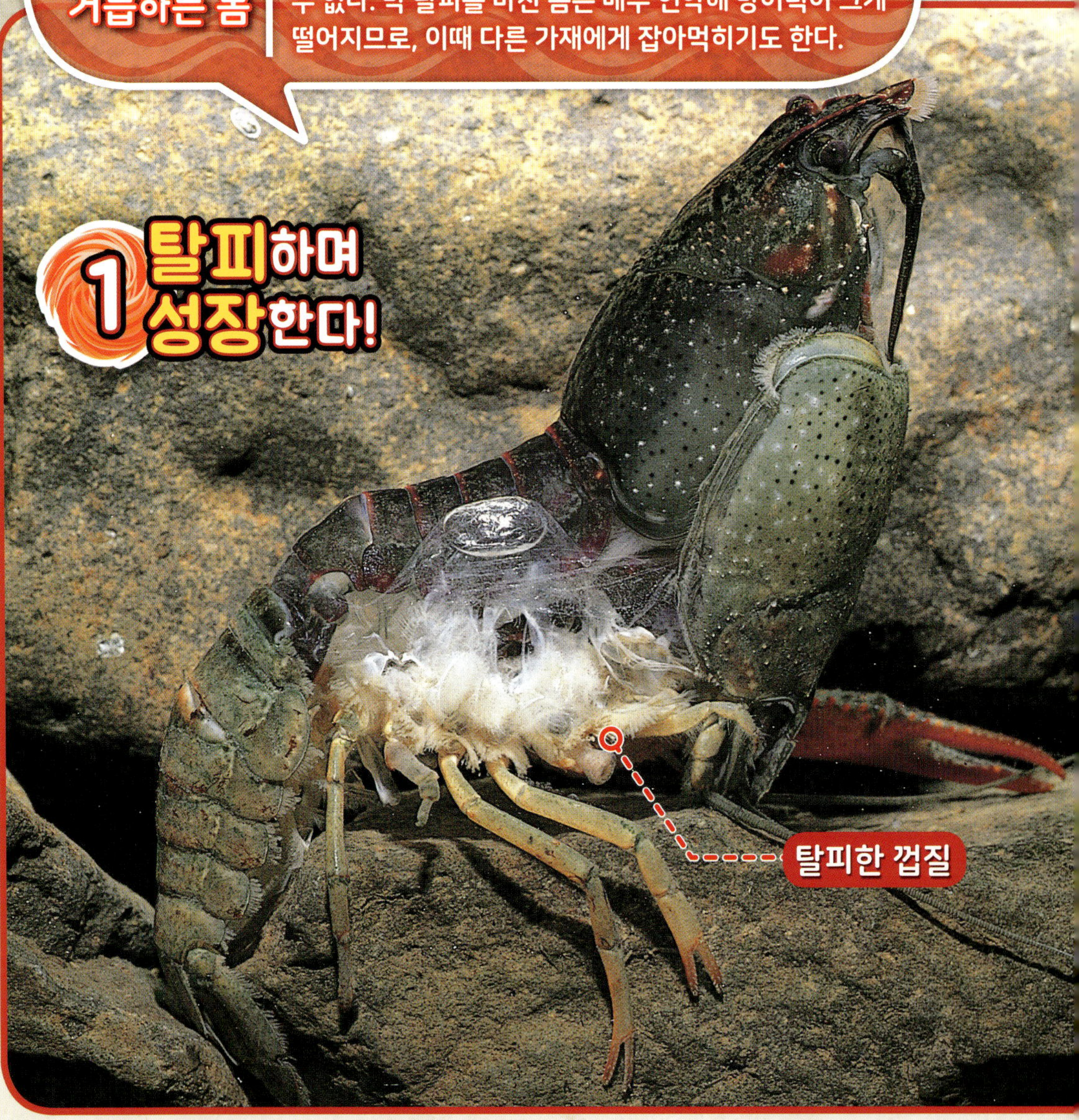

탈피한 껍질

2 수컷끼리 싸움을 벌인다!

싸움을 하다 뒤집어지고 있는 수컷

집게발을 이용해 싸우고 있는 수컷들

강력한 집게발 공격

산란 시기가 되면 수컷들은 암컷을 사이에 두고 싸움을 벌인다. 집게발로 상대를 집어 올려 내동댕이치는 쪽이 승리다. 하지만 안타깝게도 싸움에서 이겼다고 해서 꼭 암컷의 마음을 차지할 수 있는 것은 아니다.

수중 배틀 30

큰 집게발의 미국가재와 날카로운 바늘 모양의 입을 가진 물장군. 치열한 배틀 끝에 연못을 지배하게 될 쪽은 누구일까?

연못의 지배자 대결

홍 미국가재 VS **물장군 청**

➡ 238쪽

① 물장군이 바늘 모양의 입으로 미국가재의 다리 윗부분을 콕콕 찌른다.

픽!

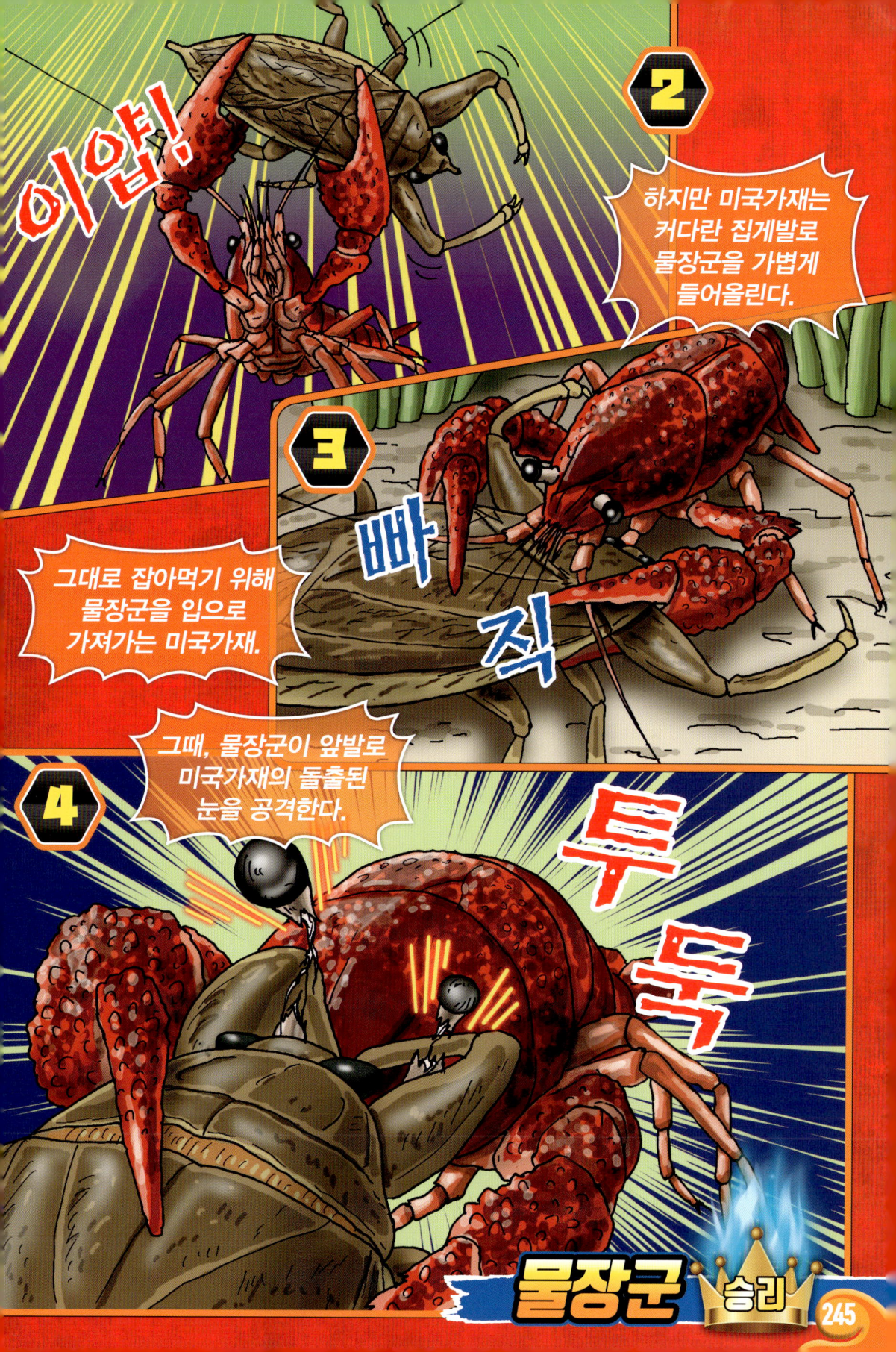

대표선수 30

공포의 포식자

인도악어

- 파워
- 스피드
- 방어력
- 공격력
- 위험도

🛡 방어 무기

울퉁불퉁 단단한 피부

커다란 몸이 갑옷 같은 비늘로 덮여 있다. 게다가 등의 피부 밑에는 판자 모양의 뼈가 있기 때문에 방어에 빈틈이 없다.

⚔ 공격 무기

굵고 강한 꼬리

악어는 공격할 때 물어뜯기도 하지만, 굵은 꼬리로 힘껏 내리치기도 한다. 이 꼬리에 맞으면 사람은 뼈가 부러질 정도의 상처를 입는다.

최고의 방어 무기인 단단한 피부

⚔️ 공격 무기

강력한 이빨과 무는 힘

현재 지구에 살아 있는 생물들 중에서 무는 힘이 가장 세다고 한다. 큰 먹이는 일단 물고 난 다음, 몸을 회전시키는 '데스롤' 기술로 갈기갈기 찢어 버린다.

입속에는 튼튼한 이빨이 늘어서 있다.

성격이 매우 포악하며, 강물이 바다로 흘러들어가는 어귀인 하구에 많이 산다고 한다. 물을 마시기 위해 강가에 접근하는 동물을 기다렸다가 물속으로 끌고 들어가 잡아먹는다. 가장 큰 것은 몸무게가 2t이 넘고, 그중에는 사람을 덮치는 식인 악어도 있다고 한다. 물고기와 새, 멧돼지, 고래의 사체 등을 먹는다.

몸길이 5~7m **서식지** 동남아시아, 오스트레일리아 등지의 강과 바다

인도악어의 친구들

대형 파충류나 양서류 중에도 민물에서 사는 동물들이 있다. 이들은 몸이 크지만 물에 뜰 수 있기 때문에 물속에서 스스로를 무겁게 느끼지 않는다고 한다.

몸길이 4~6m **서식지** 인도, 네팔의 강

파워 / 스피드 / 방어력 / 공격력 / 위험도

인도가비알

입이 매우 가늘어진 악어다. 이 검 모양의 입을 물속에서 휘둘러 물고기를 잡아먹는다. 입속에 늘어선 가는 이빨들이 물고기를 잡는 데 효과적이다.

그린아나콘다

몸무게가 100kg이 넘는 세계에서 가장 무거운 뱀이다. 몸길이는 그물무늬비단뱀이 더 길지만, 굵기는 아나콘다가 더 굵다. 몸이 너무 무거워서 땅에서는 움직임이 굼뜨기 때문에 강에 숨어 있다가 물을 마시러 온 동물을 덮쳐 잡아먹는다.

몸길이 4~7m

서식지 남아메리카의 강

파워 / 스피드 / 방어력 / 공격력 / 위험도

일본장수도롱뇽

일본에만 서식하는 대형 도롱뇽이다. 강바닥에서 거의 움직이지 않지만, 물고기나 새우 등이 다가오면 큰 입을 벌리고 통째로 삼켜 버린다. 재생 능력이 뛰어나 손발이 잘려도 다시 자라난다.

몸길이 50~100cm　**서식지** 일본의 강

악어거북

이빨은 없지만, 단단한 입으로 무엇이든 물어뜯는다. 입을 벌리고 바위로 위장한 상태에서 지렁이 같은 혀를 살랑살랑 움직여 먹이를 유인한다. 일본에서는 애완용으로 외국에서 들여왔다가, 그 수가 늘어나 문제가 되고 있다고 한다.

몸길이 60~80cm

서식지 아메리카의 강과 호수

수중 생존 전략

인도악어는 강 상류에서 난바다까지, 다양한 환경에서 살기 때문에 먹이의 종류도 매우 다양하다. 힘이 세고 방어력도 뛰어나 어떤 환경에 있든 공격당하는 일이 거의 없다.

강력한 턱
턱의 힘이 강해서 거북의 딱딱한 등딱지를 쉽게 부술 수 있다. 먹잇감이 저항하지 않으면 이빨로 갈아서 으깨기보다는 입을 위로 들어 올려 통째로 삼켜 버린다.

거북

1 거북의 등딱지도 가볍게 부순다!

2 먹이를 덮친다!

왈라비

재빠른 사냥법
강에 사는 인도악어에게 물을 마시러 오는 포유류는 최고의 먹잇감이다. 콧구멍과 눈만 수면 위로 내밀고 물속에서 몰래 기다리다가 먹잇감이 물을 마시기 시작하면 재빨리 달려든다.

무서운 돌진력
물속에서 재빠르게 나아가는 힘도 매우 뛰어나다. 물속 바닥에서 수면까지 단숨에 이동하며, 수면 위로 몸이 솟구칠 정도로 크게 점프할 수 있다. 수면 가까이 뻗어 있는 나뭇가지 위의 새를 덮쳐서 잡아먹기도 한다.

3 물속에서 솟구쳐 점프하다!

수중 배틀 31

가장 큰 악어인 인도악어와 가장 큰 뱀인 그물무늬비단뱀의 대결이다. 물가의 최강 파충류는 누가 될까?

최강 파충류 대결

홍 그물무늬비단뱀 VS **인도악어 청**

246쪽←

1
덥석

물 위를 헤엄치고 있는 그물무늬비단뱀을 향해 인도악어가 서서히 다가가더니, 꽉 물어 버린다.

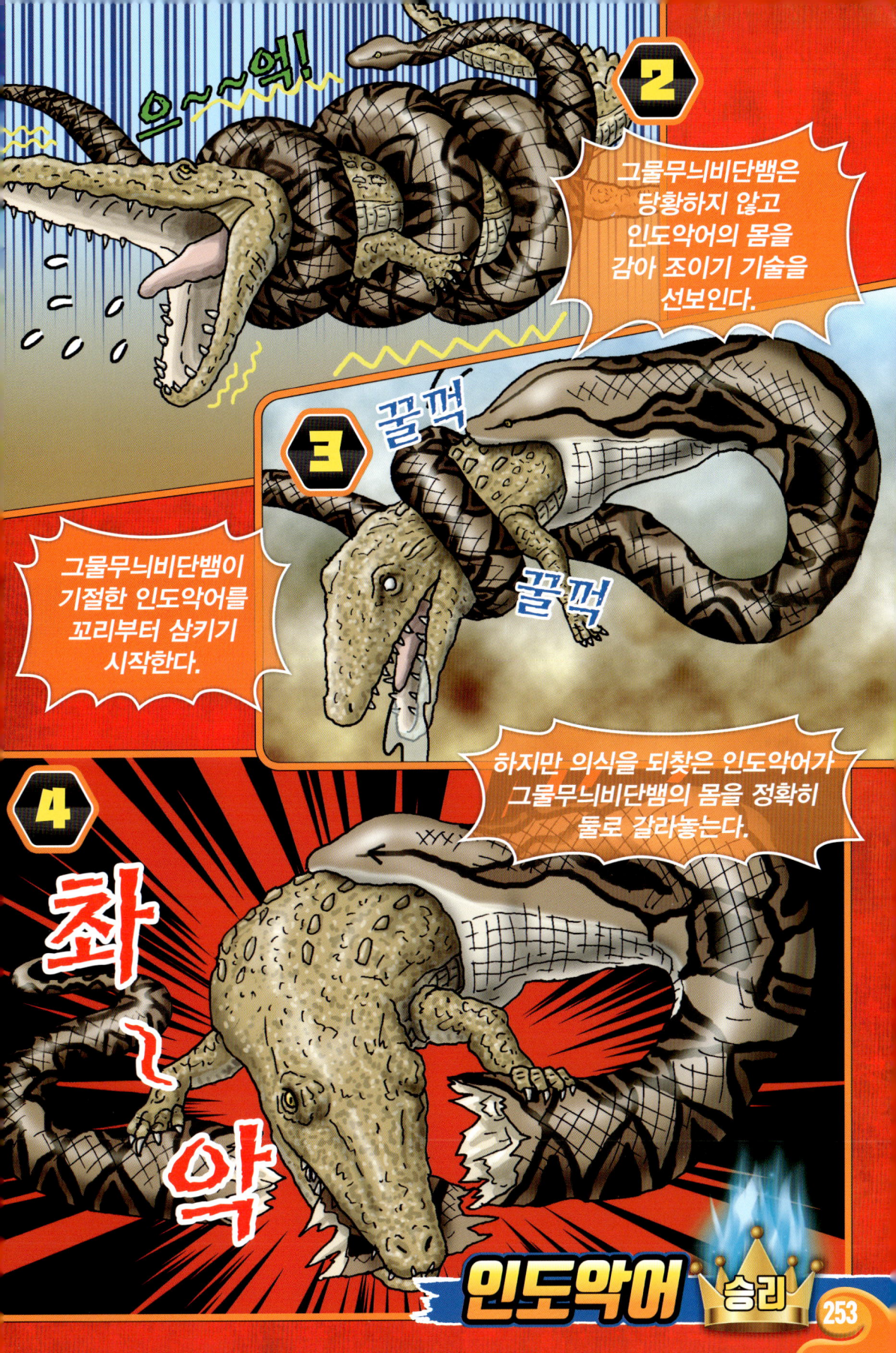

강·호수 생물 최강 랭킹

🏆 **1위 인도악어**

담수와 해수가 섞이는 하구에서 살고 있는 초대형 악어다. 몸길이가 7m 정도 되며 성격이 매우 난폭하다. 사람을 덮쳐서 통째로 삼키는 식인 악어도 있다.

강과 호수는 바다에 비해 좁기 때문에 바다의 대형 생물만큼 커다란 생물들은 많지 않다. 하지만 이곳에 사는 생물들 중에서 최고의 힘을 자랑하며 다른 동물들을 위협하는 최강 동물들을 만나 본다.

2위 아마존강돌고래

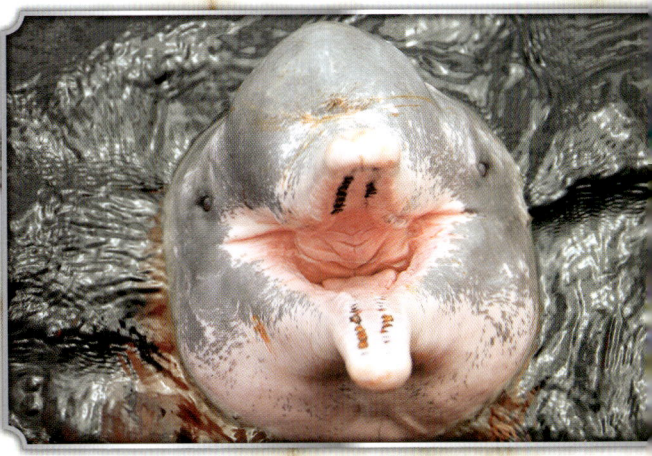

100kg을 넘는 거구이기 때문에 아마존강에서는 무적의 존재라 할 수 있다. 가늘고 긴 입으로 피라냐 등의 물고기를 잡아먹는데, 외모는 귀엽지만 거북도 쉽게 씹어 먹을 정도로 턱의 힘이 강하다.

3위 앨리게이터가아

단단한 굳비늘이 온몸을 빼곡히 덮고 있다. 입속에는 끝이 뾰족한 이빨들이 있고, 물고기뿐 아니라 물가로 가까이 다가온 새와 포유류도 잡아먹는다.

재미있는 생물 상식

피라냐

칼처럼 얇고 날카로운 이빨을 가진 위험한 물고기다. 서식하고 있는 아마존강의 물이 탁하기 때문에 눈보다 코가 더 발달해서 피 냄새를 맡으면 흥분해서 모여든다.

Original Japanese title:
TATAKAU SUICHUSEIBUTSU DAIHYAKKA SAIKYOU SUIOU KETTEISEN
Copyright © 2018 by amana / Nature &Science
Original Japanese edition published by Seito-sha Co., Ltd.
Korean translation rights arranged with Seito-sha Co., Ltd.
through The English Agency (Japan) Ltd. and Eric Yang Agency, Inc

이 책의 한국어 저작권은 에릭양에이전시를 통해 저작권사와의
독점 계약한 (주)서울문화사에 있습니다.
저작권법에 의하여 한국 내에서 보호를 받는 저작물이므로
무단전재와 무단복재를 금합니다.

◆**일러스트**: 아이마 타로, 고보리 후미히코, 다카하시 타쿠마, 마카베 아키오
◆**사진 제공**: Getty Images, amana images, Aflo
◆**디자인**: 시바 토모유키
◆**집필 협력**: 마루야마 타카시
◆**편집 협력**: 아라이 타다시(amana / Nature & Science)

1판 1쇄 발행 | 2019년 4월 26일
1판 3쇄 발행 | 2019년 9월 5일
편저 | 아마나 / 네이처 & 사이언스 · **번역** | 이진원
발행인 | 이정식 · **편집인** | 최원영 · **편집장** | 최영미
편집자 | 한나래, 윤보황, 이은정, 조문정, 박현주
표지 디자인 | 이강숙 **본문 디자인** | 이강숙, 김나경
출판 마케팅 | 홍성현, 이동남 · **제작** | 이수행, 주진만 · **발행처** | 서울문화사
등록일 | 1988년 2월 16일 · **등록번호** | 제2-484
주소 | 04376 서울특별시 용산구 새창로 221-19
전화 | 02)791-0754(판매) 02)799-9148(편집)
팩스 | 02)790-5922(판매) · **출력** | 덕일인쇄사 · **인쇄** | 에스엠그린
ISBN 979-11-6438-072-5 74490
978-89-263-8008-6 (세트)

● 이 책은 저작권법에 따라 보호를 받는 저작물이므로 저작권자와 출판사의
허락 없이 이 책의 내용을 복제하거나 다른 용도로 쓸 수 없습니다.
● 책값은 뒤표지에 있습니다. 잘못된 책은 바꾸어 드립니다.